Públio Virgílio Marão

GEÓRGICAS

TRADUÇÃO, ESTUDO E NOTAS
Márcio Meirelles Gouvêa Júnior

autêntica CLÁSSICA

Copyright da tradução © 2025 Márcio Meirelles Gouvêa Júnior
Copyright desta edição © 2025 Autêntica Editora

Todos os direitos reservados pela Autêntica Editora Ltda. Nenhuma parte desta publicação poderá ser reproduzida, seja por meios mecânicos, eletrônicos, seja via cópia xerográfica, sem a autorização prévia da Editora.

Título original: *Georgica*

COORDENADOR DA COLEÇÃO CLÁSSICA
Márcio Meirelles Gouvêa Júnior

EDITORAS RESPONSÁVEIS
Rejane Dias
Cecília Martins

REVISÃO
Julia Sousa

PROJETO GRÁFICO
Diogo Droschi

DIAGRAMAÇÃO
Waldênia Alvarenga

**Dados Internacionais de Catalogação na Publicação (CIP)
(Câmara Brasileira do Livro, SP, Brasil)**

Virgílio
  Geórgicas / Virgílio ; tradução, estudo e notas Márcio Meirelles Gouvêa Júnior. -- 1.ed. -- Belo Horizonte, MG : Autêntica Editora, 2025. -- (Coleção Clássica)

  Título original: *Georgica*
  ISBN 978-65-5928-586-0

  1. Poesia épica 2. Poesia latina I. Gouvêa Júnior, Márcio Meirelles. II. Título. III. Série.

25-272514   CDD-873

Índices para catálogo sistemático:
1. Poesia épica : Literatura latina 873

Cibele Maria Dias - Bibliotecária - CRB-8/9427

Belo Horizonte
Rua Carlos Turner, 420
Silveira . 31140-520
Belo Horizonte . MG
Tel.: (55 31) 3465 4500

São Paulo
Av. Paulista, 2.073, Conjunto Nacional
Horsa I . Salas 404-406 . Bela Vista
01311-940 . São Paulo . SP
Tel.: (55 11) 3034 4468

www.grupoautentica.com.br
SAC: atendimentoleitor@grupoautentica.com.br

A coleção Clássica

A coleção Clássica tem como objetivo publicar textos de literatura – em prosa e verso – e ensaios que, pela qualidade da escrita, aliada à importância do conteúdo, tornaram-se referência para determinado tema ou época. Assim, o conhecimento desses textos é considerado essencial para a compreensão de um momento da história e, ao mesmo tempo, a leitura é garantia de prazer. O leitor fica em dúvida se lê (ou relê) o livro porque precisa ou se precisa porque ele é prazeroso. Ou seja, o texto tornou-se "clássico".

Vários textos "clássicos" são conhecidos como uma referência, mas o acesso a eles nem sempre é fácil, pois muitos estão com suas edições esgotadas ou são inéditos no Brasil. Alguns desses textos comporão esta coleção da Autêntica Editora: livros gregos e latinos, mas também textos escritos em português, espanhol, francês, alemão, inglês e outros idiomas.

As novas traduções da coleção Clássica – assim como introduções, notas e comentários – são encomendadas a especialistas no autor ou no tema do livro. Algumas traduções antigas, de qualidade notável, serão reeditadas, com aparato crítico atual.

Não se trata de edições "acadêmicas", embora vários de nossos colaboradores sejam professores universitários.

Os livros são destinados a leitores atentos – aqueles que sabem que a fruição de um texto demanda prazeroso esforço –, que desejam ou precisam de um texto clássico em edição acessível, bem cuidada, confiável.

Nosso propósito é publicar livros dedicados ao "desocupado leitor". Não aquele que nada faz (esse nada realiza), mas ao que, em meio a mil projetos de vida, sente a necessidade de buscar o ócio produtivo ou a produção ociosa que é a leitura, o diálogo infinito.

Oséias Silas Ferraz

Agradecimentos
a Eduardo Félix, Oséias Ferraz, Filomena Barata e
Guilherme Gontijo, que tanto ajudaram nesta tradução.

VIRGILIVS.

Apud Fuluium Ursinum in gemma.

Para Teresa.

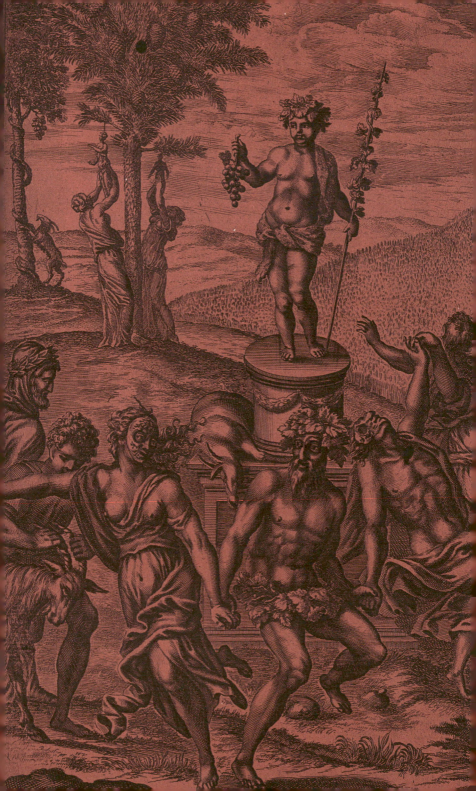

15   Introdução

GEÓRGICAS
49   Livro I
66   Livro II
84   Livro III
103 Livro IV

123 Virgílio: breve biografia
129 Vida de Virgílio
     Suetônio/Élio Donato

137 Glossário dos nomes
155 Referências
159 Notas

Introdução

1. *Carmen perfectum*

As *Geórgicas* sempre foram consideradas um poema perfeito. Para o filósofo renascentista Michel de Montaigne, elas "são a mais perfeita obra da poesia";[1] para John Dryden, poeta e tradutor inglês do século XVII, elas "têm toda a perfeição que se pode esperar de um poema escrito pelo maior dos poetas, na flor da idade, quando a sua imaginação já se encontrava pronta, a inspiração aquecida, o julgamento estabelecido e todas as suas faculdades em pleno vigor e maturidade".[2] Já Odorico Mendes, tradutor brasileiro do século XIX, considerou-as não só a mais perfeita obra do poeta latino, mas "o poema mais perfeito que nos legou a Antiguidade";[3] ao passo que, na segunda metade do século XX, a pesquisadora e tradutora portuguesa Maria Helena da Rocha Pereira afirmou serem as *Geórgicas* "formalmente o mais perfeito de todos os poemas latinos".[4]

Pela unanimidade desse juízo, é preciso indagar em que consiste tal perfeição. Para começar a reflexão, é fácil acompanhar a opinião de T. S. Eliot, no sentido de que

---

[1] Montaigne, 2000, p. 351.
[2] Virgil, 1697, p. 49.
[3] Virgílio, 1949, p. 12.
[4] Rocha Pereira, 2002, p. 249.

Virgílio foi o maior dos poetas clássicos e, para além disso, foi por excelência o próprio poeta clássico do Ocidente.[5] Afinal, a partir da concepção eliotiana da *maturidade* como a mais importante qualidade das obras clássicas, encontramos na poesia de Virgílio exatamente a noção de apogeu de um tempo e de um povo. Ouvimos ali a voz do sereno esplendor de uma civilização consciente de sua importância histórica, já solidamente polida e refinada segundo os princípios educacionais da *humanitas*, em seus sentidos objetivo e subjetivo de patrimônio cultural. Vemos em seus versos o pertencimento a uma literatura robusta e capaz de estabelecer uma consistente tradição poética, com senso crítico do passado, confiança na produção presente e firme certeza de sua perenidade, com leitores aptos a recebê-la e dela fruírem. Além disso, constatamos na poesia de Virgílio a maturidade da linguagem – na época em que o latim atingira a máxima consistência de suas estruturas, fora experimentado pelos grandes oradores, e alcançava, de forma abrangente na sociedade, o pleno desenvolvimento que a faria transformar-se no modelo definitivo do idioma. Para mais, no caso das *Geórgicas*, ainda percebemos em Virgílio outra maturidade – a maturidade pessoal, decorrente de sua consciência histórica, de seu conhecimento em ciências naturais, ética, política, filosofia, religião e costumes dos povos. Graças a esse aspecto individual, chegamos a uma obra plena e livre de provincianismos – no sentido de servilismo literário e irrefletida dependência cultural.

Por fim, considerando a importância do Império Romano para a história da formação do mundo ocidental e de suas línguas e literaturas, bem como a relevância das

---

[5] Eliot, 1945.

obras produzidas por seus poetas para a literatura dos outros povos e outros tempos, que extrapolaram os limites da civilização romana para alcançar em pleno vigor a contemporaneidade, percebe-se que, de fato, a acompanhar inteiramente a noção de *maturidade* de T. S. Eliot, Virgílio foi o mais clássico de todos os poetas da Antiguidade.

De igual maneira, como adiante se verá com mais detalhes, também é fácil concordar com o historiador e latinista Pierre Grimal, no sentido de que, especificamente no campo formal, as *Geórgicas* foram a mais bem-acabada realização do poeta:

> É certo que as *Geórgicas*, que são a obra mais perfeita de Virgílio, testemunham um longo trabalho. O equilíbrio da composição, que dá aos quatro cantos extensão semelhante, a pureza da língua, sempre clara e harmoniosa, a verdade dos episódios, a precisão de um pensamento que chega a ilustrar cada técnica da agricultura associando-a a imagens inesquecíveis, nada de tudo isso poderia ser dado pelos deuses.[6]

Assim, na conjunção da maturidade da língua e da obra com a sua excelência técnica, pode-se começar a compreender a unanimidade do julgamento das *Geórgicas* como um *carmen perfectum*.

2. Contexto histórico

Dando crédito às informações transmitidas na *Vita Vergili*, a mais antiga biografia de Virgílio, atribuída a

---
[6] Grimal, 1985, p. 117.

Suetônio e reportada no século IV pelo gramático Élio Donato, o poeta demorou sete anos a escrever as *Geórgicas*, muito provavelmente entre os anos 38/37 e 29 a.C.[7] Fê-lo na sequência da exitosa publicação das *Bucólicas*, graças às quais ele havia ingressado e alcançado posição de elevado prestígio no "Círculo de Mecenas" – grupo de intelectuais mantido pelo evergetismo[8] de Caio Mecenas, o responsável pela cooptação e pelo patrocínio dos poetas que difundiriam as esperanças, a glória e as realizações do nascente governo de Otaviano. O ambiente histórico de então era o do conturbado "Segundo Triunvirato", quando, após meio século de guerras, desavenças internas, tramas políticas, proscrições e sedições que culminaram com o assassinato de Júlio César, em 44 a.C., Roma suportava a tumultuada e sangrenta disputa pelo poder entre Otaviano e Marco Antônio, disputa essa que haveria de pôr fim aos quase cinco séculos da República. Eram os duros anos das guerras civis, que se prolongavam desde a Guerra Social, entre 91 e 88 a.C., travada entre Roma e seus tradicionais aliados na península Itálica – passando pelas lutas entre as facções de Mário e Sila, entre 88 e 81 a.C.; pela conspiração de Catilina, entre 63 e 62 a.C.; e pelas batalhas entre os apoiadores de Júlio César e os de Pompeu, entre 49 e 45 a.C.; até chegar aos combates entre os exércitos e as armadas de Otaviano e Marco Antônio, entre 32 e 31 a.C., quando este, com Cleópatra, rainha do Egito, foi derrotado na Batalha de Ácio pelo futuro *princeps*.

Por conseguinte, foi ainda antes do estabelecimento da *Pax Romana* – que caracterizaria poucos anos depois o

---

[7] Thibodeau, 2001, p. 6.
[8] Maia, 2024, p. 13-16.

início do Império e que seria celebrada pelo mesmo Virgílio no poema épico *Eneida* –, mas já sob o esforço político de Otaviano para a reconstrução da nação dilacerada pelas décadas de dissenções internas, talvez por sugestão, pedido, insistência ou por dura ordem de Mecenas (*haud mollia iussa – Ge.* 3,41), que Virgílio começou a composição de seu tratado poético sobre o manejo das coisas do campo. Como até aqui se viu, o panorama histórico do início da escrita das *Geórgicas* era o dos tempos de miséria, atribulações, violência e discórdias internas, que necessitava de um suporte cultural adequado para que o novo regime pudesse se estabelecer e levar a cabo um programa de pacificação e revitalização do Estado Romano e de restauração da *romanitas*, considerando sob essa denominação o conjunto dos mais tradicionais valores daquele povo.[9]

Para melhor compreensão da escolha temática do poeta, lembre-se primeiramente o efeito devastador das guerras civis no despovoamento dos campos, com a resultante falta de mão de obra para o trabalho nas lavouras e a decorrente carestia de alimentos para as massas, o que levou ao alastramento da miséria.[10] Lembre-se, por outro lado, de que as origens tradicionais de Roma eram agrárias, o que levava a uma grande valorização do passado ideal da mítica era fundacional da Urbe, com o relevo dos arraigados costumes dos antepassados (*mores maiorum*), como retratado nos versos de Ênio, poeta máximo do período arcaico da literatura latina: "Nos costumes e nos varões antigos, apoia-se a República Romana" (*moribus antiquis res stat Romana uirisque*). Por esse motivo, a exaltação das virtudes cívicas buscou recuperar o modelo

---

[9] Citroni *et al.*, 2006, p. 309.
[10] Wilkinson, 1969, p. 52.

de valores dos habitantes primitivos do Lácio, que, segundo as narrativas antigas, viviam da lida na terra, nutriam hábitos simples, probos, graves e sóbrios, e encontravam a dignidade na dedicação e na perseverança do trabalho.[11] Lembre-se, por sua vez, de que a República Romana, apesar da fome e da pobreza suportadas pelas camadas menos favorecidas da população, encontrava-se enriquecida pelas conquistas bélicas dos séculos III e II a.C., com a sua elite a viver dias de excessos e desmesuras, o que levou a uma aprofundada crise moral da sociedade, sob o exemplo de decadência das monarquias helenísticas e da corte ptolomaica em Alexandria, corroídas pelo luxo causador de sua derrocada.[12] Lembre-se, por fim, de que o ambiente rural era, então, valorizado como lugar idealizado de refúgio contra os perigos da política e de fruição do digno ócio criativo, como no caso do retiro do orador Marco Túlio Cícero em sua vila em Túsculo, após a tomada do poder ditatorial por Júlio César. Por conseguinte, na mensagem ideológica veiculada pelo nascente regime de Otaviano, a reparação da nação necessitaria de uma profunda transformação da sociedade, com a retomada dos valores dos antepassados e o regresso aos paradigmas fundacionais de trabalho e de rígidos costumes ancestrais.

Por tudo isso, percebe-se evidente o primeiro vetor que pode ter contribuído para a sugestão temática dada a Virgílio por Mecenas, quando Roma buscava reparar os seus campos exauridos no sustento e na mobilização das tropas, repovoar as terras prejudicadas pela formação dos exércitos e refazer os rebanhos e estoques de provimentos para a população, e necessitava, como propôs a crítica

---

[11] Miles, 1980, p. 5.
[12] Miles, 1980, p. 6-8.

literária mais antiga e conservadora, ensinar as técnicas da agricultura aos soldados veteranos que voltavam da guerra e recebiam os títulos de propriedade agrária em recompensa pelos anos de serviço militar. Assim, o atendimento ao pedido, à sugestão ou à ordem de Mecenas por parte do poeta faria com que as *Geórgicas* cumprissem a função de divulgar os valores que norteariam a reconstrução do país, a partir dos quais Roma poderia realizar sua tarefa de alcançar a hegemonia sobre as demais nações, como Virgílio iria dizer mais tarde na *Eneida*: "impor um estado de paz, perdoar aos vencidos e subjugar os soberbos" (*pacique imponere morem, parcere subiectis et debellare superbos*) (*En.* VI, 852-853). Desse modo, no cumprimento da missão de estabelecimento da vitória, da paz e da prosperidade, Otaviano seria apontado como o portador da esperança e de um projeto de nação, como o defensor da Itália e de seus valores mais profundos, sintetizados nas virtudes de Quíncio Cincinato e de Catão, o Velho.

Porém, para além das questões políticas, devem ser considerados ao menos três outros vetores prováveis de influência na escolha de Virgílio para o tema rural das *Geórgicas*. Primeiro, a sólida difusão das ideias epicuristas em solo latino no período anterior à composição do poema, sob a teoria de pensadores e poetas como Pompônio Ático (110-32 a.C.) e Lucrécio (94-55 a.C.),[13] e o magistério de filósofos como Síron e Filodemo de Gádara, ambos professores de Virgílio durante sua formação juvenil em Nápoles, com a transmissão dos ideais de *aponia*, ou ausência de sofrimento corporal, e *ataraxia*, ou estado de tranquilidade e afastamento de medo. Por sua vez, pode ser

---

[13] Novak, 1999, p. 262.

considerado um segundo vetor o surgimento do ideal estético de valorização do campo como local de refúgio e de ócio com dignidade (o *otium cum dignitate*, na expressão de Cícero – *De Oratore*, 1.1.1), tão bem representado no *II Estilo da Pintura Pompeiana*, sob o expressivo exemplo da decoração do triclínio da casa de Lívia, em Prima Porta (pág. XX).[14] Em terceiro lugar, há que se levar em conta o profundo e inequívoco amor do próprio poeta pelo campo, proveniente de suas origens na Gália Cisalpina.[15] Afinal, por um lado, os ensinamentos do "Jardim de Epicuro" buscavam encontrar a tranquilidade de uma vida feliz e aprazível, retirada dos temores das discórdias políticas e dos conflitos armados que esgarçavam o tecido social de Roma durante décadas, ao passo que, no campo estético prático representado pela decoração parietal das vilas e casas romanas, a temática rural elevou-se como tendência,[16] à qual, a seu modo, é verossímil acreditar que, sobretudo por seu empenho e gosto pessoal, se tenha filiado o poeta para recriação das belezas da Itália e exposição dos valores mais excelentes dos romanos.[17]

3. As *Geórgicas*: suas origens e seus antecedentes

E foi, portanto, no contexto político de insegurança social do período final da República e sob o conhecido e então depauperado modelo ético de virtude rural dos romanos arcaicos, mas dentro da renovada tendência estética

---

[14] Miles, 1980, p. 22.
[15] Wilkinson, 1969, p. 52.
[16] Miles, 1980, p. 13-14.
[17] Duckworth, 1959, p. 226.

de valorização da existência campesina, aliada à particular origem agrária do poeta, que foram escritos os 2.188 hexâmetros das *Geórgicas*, cujo título provém da latinização do substantivo grego γεωργικά, que se traduz de forma literal como "os trabalhos na terra". Para tanto, o primeiro modelo de que Virgílio lançou mão para essa obra remontava ao antigo gênero grego da poesia didática iniciado por Hesíodo nos distantes séculos VIII e VII a.C., com a publicação de *Os Trabalhos e os Dias* (Ἔργα καὶ Ἡμέραι), e que se difundiu, com inevitáveis e incontáveis alterações, desenvolvimentos e atualizações entre os autores gregos e, mais amplamente, entre os escritores alexandrinos, no fértil campo do gosto helenístico por curiosidades, raridades, ciências e técnicas. Sob o modelo hesiódico, formou-se, então, a tradição literária na qual Empédocles de Agrigento (495-435 a.C.) escreveu o *Da Natureza* (Περὶ φύσεως); Árato de Solos (315-240 a.C.), os *Fenômenos* (Φαινόμενα) e as *Previsões* (Διοσημεῖα); e Nicandro de Cólofon, as *Geórgicas* (Γεωργικά) e as *Melissúrgicas* (Μελισσουργικά), um tratado sobre apicultura. Já em solo latino, foi o modelo temático usado por Lucrécio, poucas décadas antes de Virgílio, para a composição do poema epicurista *Sobre a Natureza das Coisas* (*De rerum natura*).

No entanto, o gênero didático, ou didascálico, como também era conhecido e ao qual o gramático Mauro Sérvio Honorato ainda no século IV vinculou as *Geórgicas* ao relacioná-las a Hesíodo na introdução de seus comentários à obra,[18] nunca foi, de fato, definido de forma cabal e exaustiva pela crítica literária da Antiguidade. Porém, foi a partir do

---

[18] Servius. *Comm. in Verg. Georg.*: *Vergilius in operibus suis diversos secutos est poetas*: [...] *Hesiodum in his libris* – "Virgílio seguiu em suas obras diversos poetas; nestes livros (das *Geórgicas*), Hesíodo".

modelo de Hesíodo que se estabeleceu que o gênero deveria ter por características não só ser escrito em hexâmetros, com linguagem elevada e aspiração pelo sublime, como o nobre gênero da poesia épica, da qual a poesia didática foi no início considerada uma subespécie, mas que ainda deveria apresentar o explícito intento de ensinar a um leitor determinado as técnicas específicas de seu campo de saber, seja a astronomia ou a filosofia, seja a criação de abelhas ou de cães. Em outras palavras, era um gênero definido pela autoconsciência da função instrutiva e educadora.[19] E foram essas as principais características apontadas por Sérvio na apreciação das *Geórgicas*: "Os livros didáticos são aqueles necessariamente escritos para alguém, pois a aprendizagem requer a pessoa do professor e do discípulo".[20]

A acompanhar essa antiga classificação literária das *Geórgicas* como um poema do gênero épico-didático, pode-se provisoriamente compreender que foi como uma espécie alargada de *magister* que Virgílio, atendendo ao pedido de Mecenas, primeiro destinatário direto do poema ao lado de Otaviano, teria começado a desenvolver o tema manifesto da obra: o trabalho (*labor*) do agricultor na lida com a natureza, nos dois principais sentidos com que o vocábulo latino se traduz para o português: o trabalho propriamente dito e o padecimento pelo esforço – ou, em uma palavra que consegue abarcar de algum modo as duas acepções do termo original, a labuta do agricultor. *Labor omnia uicit improbus* ("O trabalho insaciável tomou tudo" – *Ge.* I, 145-146), diz Virgílio. Em uma superficial leitura da obra, trata-se da lida

---

[19] Gale, 2005, p. 101-102.
[20] Servius. *Comm. in Verg. Georg.*, proem. I, I: *et hi libri didascalici sunt, unde necesse est, ut ad aliquem scribantur; nam praeceptum et doctoris et discipuli personam requirit.*

diária na fazenda contra as adversidades da natureza, ou das atividades do homem rural para fazer, como propõem os primeiros versos do livro I, as lavouras alegres, os rebanhos prósperos e o agricultor afortunado.

Entretanto, percebe-se nas *Geórgicas* que os preceitos de fato agrícolas são de menor importância na estrutura do poema. Afinal, as instruções abrangem apenas alguns aspectos das atividades do agricultor, como, no caso das árvores, o plantio apenas das vinhas e da oliveira; ou, no caso do gado, apenas os rebanhos bovino, equino, ovino e caprino. Assim já havia apontado Sêneca que na *Carta 86* em *Epístolas Morais a Lucílio* dissera que "Nosso Virgílio se preocupava menos com a verdade do que com a beleza literária, interessado como estava em deleitar os seus leitores, e não em instruir os agricultores".[21] Nesse sentido, para além dos problemas práticos da vida campestre, o poema antes falaria do ser humano e de sua condição no mundo, sem a função de instrução de um leitor determinado, como nos autênticos poemas didáticos. Sob o endereçamento dos versos ao futuro *princeps* e a Mecenas, o seu principal divulgador cultural, como se lê nos preâmbulos aos quatro livros, o poema direciona-se, em verdade, a um público vasto e indefinido; endereça-se a um leitor capaz e ávido por ser deleitado pelo poeta, ou seja, a audiência formada pelo romano culto de uma elite política e econômica, um refinado apreciador da literatura e apto a decodificar por prazer as incontáveis alusões e citações presentes no texto.[22] Dessa maneira, se o *agricola* retratado no poema como um

---

[21] Sen. *Ep.* 86,15: *Vergilius noster, qui non quid uerissime sed quid decentissime diceretur aspexit, nec agricolas docere uoluit sed legentes delectare.*

[22] Horsfall, 1995, p. 65.

pequeno proprietário de alguns alqueires de terra, isto é, como um colono perfeito ou o *uetus colonus* sintetizado no excurso do "velho corício" (*Ge*. IV, 116-148), era, na verdade, a idealização da vida feliz do rico proprietário de terras romano dos anos que antecederam o Império, a sua fazenda deixaria de ser apenas a porção de terra que habitava e cultivava no modelo alegórico e simbólico da literatura, para ser, propriamente, o local no mundo em que vivia, lidava e labutava. Assim, a luta pelo funcionamento da fazenda tornava-se a própria batalha do ser humano pela existência no mundo, colocado diante das dificuldades impostas pela natureza, com suas forças imponderáveis.

Tendo isso em vista, a antiga classificação de Sérvio em relação às *Geórgicas* como um poema didático foi, então, questionada pela crítica.[23] Afinal, diferentemente da produção de Árato ou Nicandro, considerados meros *metafrastas*, ou simples versificadores de tratados científicos alheios,[24] a obra de Virgílio intentava voos mais altos, com a inclusão de temas filosóficos profundos, aos moldes do antigo Hesíodo, que cantou nos *Trabalhos e os Dias* não a agricultura, mas Zeus e a Justiça,[25] e do latino Lucrécio e seu tema epicurista. Isso levou a que os contemporâneos considerassem as *Geórgicas* não mais como uma obra do gênero didático, mas como exemplar de uma espécie literária não técnica – a poesia descritiva.[26] Isto é, uma obra que não se pretendia útil ao leitor, mas que intentava maravilhá-lo, de modo a fornecer-lhe uma pintura inexata

---

[23] Thomas, 1988, p. 4; Horsfall, 1995, p. 69.
[24] Drew, 1929, p. 242; Wilkinson, 1969, p. 60-62.
[25] Nelson, 2018, p. 364.
[26] Wilkinson, 1969, p. 4.

da realidade a fim de excitar a sua livre imaginação, que nele produzisse o deleite.[27] Em outras palavras, o poema seria endereçado não à instrução dos camponeses, mas ao prazer do leitor citadino e culto, de modo que formasse em sua mente uma agradável variedade de cenas e paisagens, e os preceitos nele contidos mais se aproximassem de uma descrição imaginária da vida no campo, que se ergueria como uma metáfora da existência humana diante dos fatos sobranceiros da natureza e dos poderes que governam o universo.[28] Assim, o poema teria por real função permitir aos leitores a experiência imaginária e prazenteira da vida e da existência dos agricultores, elevando-se como o lugar de retiro anímico no idealizado mundo rural.[29]

4. Estrutura da obra

Prosseguindo a busca pela noção de perfeição tantas vezes atribuída às *Geórgicas*, agora em relação a seus aspectos estruturais e formais, a apresentação do plano da obra, ou a visão conjunta de seu esqueleto facilitará a elucidação dos atributos de perfeição e permitirá o alargamento da compreensão do poema. Essa análise fornecerá o realce das preciosidades espalhadas por seus versos sob delicada criptografia e que garantem prazer ao leitor que as reconhece.[30]

---

[27] Riffaterre, 1972, p. 15-18.
[28] Wilkinson, 1969, p. 14-15.
[29] Thibodeau, 2001, p. 36.
[30] Foram utilizadas para a estruturação dessa divisão os estudos de Drew, Mynors, Vidal e Otis.

Livro I:

1-42: Prólogo:
    1-5: Proposição e dedicatória a Mecenas.
    6-42: Invocação aos deuses e homenagem a Otaviano.
43-203: O trabalho do agricultor:
    43-70: O cultivo da terra: requisitos para a atividade do agricultor:
        43-49: O trabalho.
        50-70: O conhecimento das condições do tempo e do solo.
    71-99: Manutenção da fertilidade dos campos: rotatividade das plantações, fertilização do solo.
    100-117: A água: a irrigação e a drenagem.
    118-159: *Teodiceia*: a origem divina do trabalho (digressão) e a lei da civilização – *labor omnia uicit/improbus* (145-146).
    160-203: O trabalho no campo:
        160-175: O duro trabalho:
            160-169: As armas do agricultor
            170-175: O arado.
        176-186: A eira.
        187-192: Prognósticos da colheita dos grãos.
        193-196: O tratamento das sementes.
        197-203: Os incansáveis esforços contra a deterioração das coisas.
204-350: O calendário do agricultor:
    204-230: O tempo da semeadura.
    231-258: A origem divina da grande esfera celeste.
    259-310: O uso do tempo.

259-267: As tarefas nos dias de chuva.
268-275: As tarefas nos feriados públicos.
276-286: Os dias do mês bons e maus.
287-296: As tarefas noturnas.
297-310: As tarefas de verão e inverno.
311-334: As tempestades de inverno e de primavera.
335-350: Os deveres em relação aos deuses – *In primis uenerare deos* (v. 338).

351-514: Os prognósticos:
351-392: Os sinais do mau tempo, do vento e da chuva.
393-423: Os sinais de bom tempo.
424-464: Os sinais fornecidos pela Lua e pelo Sol.
465-514: Os portentos da morte de César e as consequências em Roma (digressão).

Livro II:

1-8: Proêmio (1): invocação a Baco e proposição.
9-258: Variedades da arboricultura: a natureza e o homem:
9-34: A natureza é variada na propagação das árvores.
35-46: Proêmio (2): nova proposição.
47-72: A propagação das árvores.
73-82: Enxertia e brotação das árvores.
83-108: A variedade das espécies frutíferas.
109-135: A variedade das plantas e dos lugares de plantio.
136-176: Elogios à Itália (digressão) – *laudes Italiae*.
177-225: Tipos de solo italiano: Toscana, Mântua e Cápua.

226-258: Os solos e seus usos.
259-419: A viticultura:
    259-396: Os vinhedos:
        259-264: Preparação dos terrenos de plantio.
        265-272: Sementeiras e transplantes das mudas.
        273-287: O espaçamento entre as mudas;
        288-297: A profundidade das covas de plantio.
        298-314: Preceitos para o plantio.
        315-345: O elogio à primavera (digressão) – *laudes ueris*.
        346-353: Os cuidados com o plantio da vinha.
        354-361: O uso de terra e de estacas na plantação.
        362-370: A poda.
        371-396: Os cuidados com o crescimento das parreiras, as cercas e a homenagem a Baco.
    397-419: Os agricultores pelo mundo e a manutenção dos vinhedos.
420-457: Outras árvores:
    420-425: A oliveira;
    426-457: A macieira e outras árvores frutíferas.
458-474: O afortunado agricultor (digressão) – *O fortunatos nimium, sua si bona norint, agricolas*.
475-540: A esperança do poeta e o ideal da vida no campo.
541-542: Conclusão.

Livro III:

1-48: Prólogo: invocação à deusa Pales e o templo de mármore de Virgílio.
49-283: Os grandes animais: os gados equino e vacum:
    49-71: A melhor vaca: aparência, seleção e reprodução.
    72-94: O garanhão.
    95-122: A idade e o caráter do garanhão.
    123-137: Cuidados com as matrizes antes do acasalamento.
    138-156: Cuidados com a mãe.
    157-178: Cuidados com os bezerros.
    179-208: Cuidados com os potros.
    209-283: Os efeitos do sexo no reino animal: o amor (digressão) – *amor omnibus idem*.
284-294: Segunda invocação à deusa Pales: transição.
295-403: Os pequenos animais: os armentos ovino e caprino.
    295-299: As ovelhas.
    300-321: As cabras.
    322-338: Um dia de verão.
    339-348: O pastor da Líbia.
    349-383: O pastor da Cítia.
    384-403: O cuidado com a lã e com o leite.
404-413: Os cães.
414-439: As pragas: ervas daninhas, ladrões e serpentes.
440-469: As doenças.
470-566: A grande praga em Nórica (digressão).

Livro IV:

1-7: Proêmio: dedicatória a Mecenas e invocação a Apolo.
8-280: A vida das abelhas:
    8-32: A escolha da localização da colmeia.
    33-50: A forma das colmeias e os cuidados necessários à sua manutenção.
    51-115: As atividades das abelhas fora da colmeia:
        51-57: As abelhas na chegada da primavera.
        58-66: A enxameagem.
        67-115: Seleção e cuidados com o rei:
            67-87: O combate entre os reis: a guerra civil.
            88-102: Duas variedades de abelhas.
            103-115: A forma de deter os enxames desorientados.
    116-148: O velho corício e o jardim em Tarento (digressão).
    149-196: A natureza das abelhas: o espírito comunitário: a vida comum, a divisão do trabalho e as mudanças atmosféricas – *abor omnibus unus*.
    197-227: O espírito natural das abelhas: a reprodução e a esperança de vida – *at genus immortale manet*.
    228-238: Prescrições religiosas para a colheita do mel.
    239-280: A proteção das abelhas contra o frio, a peste e as doenças.

281-314: A ressurreição das abelhas – *bugonia*.
315-558: O mito da ressurreição (digressão:
       315-452: A perda das abelhas por culpa de
       Aristeu e consulta a Proteu.
       453-527: O oráculo de Proteu e a expiação de
       Aristeu – Orfeu e Eurídice.
       528-558: A implementação do oráculo de Proteu
       e a ressurreição das abelhas.
559-566: A conclusão de toda a obra.

Na apreciação desse arcabouço, fica patente o cuidado de Virgílio com a composição. Percebe-se uma verdadeira arquitetura do texto, como se a obra fosse o próprio "templo de mármore", que o poeta prometeu erguer em honra a Otaviano César em Mântua (*Ge.* III, 13-16). Nessa edificação poética, os quatro livros apresentam um número relativamente equivalente de versos: em torno de cinco centenas. A simetria criada entre os livros permitiu ao poeta conferir particular equilíbrio à sucessão dos assuntos tratados, repartindo-os de modo criterioso de tal maneira que as grandes temáticas puderam ser desenvolvidas em extensões semelhantes, garantindo, assim, grande harmonia estrutural do poema. Do mesmo modo, as invocações que iniciam cada um dos livros formam dois conjuntos de tamanho similar que podem ser agrupados dois a dois – os livros I e III, com 42 e 48 versos, e os livros II e IV, com 8 e 7 versos, respectivamente. Essa semelhança formal entre os prólogos dos livros pares e dos ímpares revela-se, então, como outro indício da articulação interna existente no poema e anuncia os paralelismos e os espelhamentos que constituem parte importante de sua estruturação. Além disso, cada livro mostra-se repartido em dois blocos articulados de assuntos, contendo, cada qual desses blocos, uma extensa digressão. Por fim, os livros II e IV apresentam fechos com encerramento dos cantos alvissareiros, como conclusão da evidente divisão entre as seções pares e ímpares.

Mas as particularidades estruturais do texto também podem ser encontradas na detalhada articulação temática de cada livro, todos bem definidos, como Virgílio anunciou na proposição do poema (*Ge.* I, 1-4). O livro I trata dos trabalhos na lavoura e da observação das estrelas; o livro II, da arboricultura; o livro III, da criação dos rebanhos; e o livro IV, da apicultura. Vê-se a repartição dos temas entre, por um lado, nos livros I e II, os assuntos da terra e o mundo vegetal, e, por outro, nos livros III e IV, a lida com as forças anímicas e o mundo das criações. Desse modo, Virgílio compôs dois grandes campos de indagação e reflexão: nos dois primeiros livros, há o duro trabalho (*improbus labor*) do agricultor para conseguir que o solo produza os alimentos necessários à vida, para compreender e dominar a natureza bravia e sempre ameaçadora, e conseguir afastar a tendência que todas as coisas têm de sempre retornar ao estado selvagem; nos dois últimos livros, vê-se o trabalho do agricultor com os animais, na luta pela procriação e pelo funcionamento dos estábulos, redis e colmeias, sob a reflexão da necessidade do domínio não só da terra, como nos dois primeiros livros, mas também a necessidade de vitória sobre as paixões dos seres animados para a manutenção do equilíbrio da natureza.

Por sua vez, em nova articulação de sentido, cada um dos quatro livros também pode ser dividido em dois blocos temáticos, de modo a tratar de dois assuntos distintos. O livro I descreve, na primeira parte, a labuta do agricultor e as dificuldades impostas por uma natureza adversa, que tem a constante tendência de destruição das obras humanas;

em seguida, explica o calendário do agricultor e elucida os prodígios fornecidos pelos astros. Já o livro II tem, em sua primeira parte, a apresentação generosa da Natureza nacional romana, incluindo aí o Elogio à Itália (*laus Italiae*), mostrada como a terra que conheceu a Era de Ouro, quando existia paz entre os povos e não havia a necessidade do trabalho; e, na segunda parte, a descrição da alegre vida do pastor, que, tendo perdido a existência paradisíaca, conseguiu, por meio do trabalho árduo, retornar à bem-aventurança do tempo do deus Saturno. O livro III, por seu turno, ao tratar dos cuidados que o agricultor deve ter com as criações, divide-se entre o manejo dos animais de grande porte, ou o gado grosso, e o dos animais menores, ou o gado miúdo. Nessa seção, retomando o caráter sombrio da composição do livro I, o poeta aprofundou-se, na primeira parte, nas reflexões sobre a natureza íntima dos animais e apontou o caráter nefasto da desmesura do *amor*, uma paixão que leva todos os seres ao furor, à loucura, à debilitação, ao isolamento e à morte – tudo isso ilustrado na segunda parte do livro III, na descrição da peste. Desse modo, ao estabelecer um paralelo com as afecções da alma, a peste parece ser o castigo que sofrem os animais em razão dessa afecção incontrolável. Por fim, o caráter sombrio dos livros I e III se desfaz, e o livro IV retoma a luminosidade do livro II, para descrever, na sua primeira parte, a vida comunitária das abelhas, que, livres das pulsões eróticas e das ambições de poder, vivem em sintonia com o mundo natural, em uma sociedade perfeita; ao passo que, na segunda parte, na narração do epílio de Aristeu, é descrita a virtuosa conduta do criador mitológico das abelhas, a qual, diferentemente de Orfeu, que, em desobediência às orientações divinas, não se conteve e olhou para Eurídice no retorno do mundo inferior, cumpriu todos os ditames dos deuses e recuperou, assim, as perdidas abelhas, em uma ilustração da possibilidade de se vencer a própria morte.

Nesse sentido, considerando a sintonia e o diálogo interno entre os quatro livros e entre as partes internas de cada seção, pode-se entender que as *Geórgicas* foram compostas como uma espécie de sinfonia constituída por quatro movimentos que expressam o *ethos* de cada parte da obra, com a alternância de tons e ânimo da descrição poética, sendo os livros ímpares mais sombrios, ao passo que os pares são mais alegres e cheios de esperança. Fazendo uso da linguagem musical, eles se sucederiam em andamentos variados: I- *allegro maestoso*; II- *scherzo*; III- *adagio*; IV- *allegro vivace*.[31]

Por outro lado, agora na análise particular dos hexâmetros que constroem os livros das *Geórgicas*, também se percebe o esmero do poeta, com o reconhecimento das preciosidades espraiadas pelas linhas rítmico-melódicas dessa sinfonia poética, quanto mais que toda a literatura antiga, sobretudo a poesia, era lida e transmitida apenas em voz alta, já que a leitura silenciosa não era costumeira ao menos até o final do século IV. Daí, os diversos efeitos sensoriais criados pela maestria de Virgílio, como aliterações, rimas internas, quiasmos e onomatopeias, erguem-se como coadjuvantes sonoros para a construção dos movimentos do poema sinfônico, arrastando a atenção da audiência a diversos estados de ânimo, sejam melancólicos e soturnos, como nos livros ímpares, sejam alegres e vivazes, como nos livros pares; ou seja, criando imagens auditivas capazes de dar mais vida e emoção às passagens descritas.[32] Em um exemplo desses artifícios sonoros de Virgílio, nos versos

---

[31] Parker, 1914, p. 74; Otis, 1995, p. 151.
[32] Lee, 1996, p. 43-49.

I, 388-389, apresentados abaixo na língua original, por meio da sucessão da consoante (p), ouve-se nitidamente a chuva que cai, chamada pelo insistente canto da gralha representado pela repetição da consoante (v), enquanto a ave caminha na praia, ecoada nas quatro ocorrências da consoante (s), que remetem ao marulhar das ondas na orla:

> *Tum cornix **p**lena **p**luuiam **u**ocat improba **u**oce*
> *et **s**ola in **s**icca **s**ecum **s**patiatur harena.*

Outro exemplo da excelência de Virgílio, que de forma alguma exaure as ocorrências, mas tão só indica a sua profusão, mostra o efeito abrupto do golpe que deve ser desferido pelo camponês contra uma serpente que prepara o bote (III, 420-422). A mudança de linha após a descrição da aparência do réptil, como a colocação do imperativo verbal no início do hexâmetro seguinte, mas no final do período, retrata exatamente a rapidez necessária na descida do pedaço de pau (*robora*) contra a nuca do animal:

> *Cape saxa manu, cape robora, pastor,*
> *tollentemque minas et sibila colla tumentem*
> *deice!*

Não bastassem tais exemplos, surpreende o leitor uma miríade de outros recursos espalhados pelos mais de dois mil versos do poema, como o acróstico com que Virgílio assinou sua obra (1, 424-433), ou a utilização da técnica de *ring composition,* o dispositivo de fechamento das produções literárias antigas que consistia em repetir, no final da obra, o tema anunciado no início, sendo que no caso das *Geórgicas* o último verso do livro IV (*Tityre, te patulae cecini sub tegmine fagi*) repete o primeiro verso da *Bucólica I*, em indicação da unidade dos dois poemas e de encerramento das temáticas pré-épicas do poeta.[33]

Na sequência, já não sob o estrito viés formal, ou arquitetônico, do poema, mas agora na análise da construção textual, são notáveis os recursos utilizados por Virgílio. A delicada descrição das técnicas agrárias a serem utilizadas pelo *agricola* é entremeada e alegorizada por abundante sucessão de símiles, que intensificam a narrativa, dando-lhe cores, movimento e potência.[34] Exemplo disso é o fecho do livro I, em que a guerra civil, que assustava os romanos havia meio século, foi descrita como um carro de corrida dos jogos circenses, cujo condutor perde o controle das rédeas, e os cavalos desgovernados arrastam-no à ruína e à desgraça:

> *saeuit toto Mars impius orbe,*
> *ut cum carceribus sese effudere quadrigae,*
> *addunt in spatia, et frustra retinacula tendens*
> *fertur equis auriga neque audit currus habenas.*

> No mundo, ímpio Marte se assanha,
> como quando as quadrigas irrompem das baias,
> dão as voltas, e o auriga, em vão puxando as rédeas,
> arrastam-no os corcéis, sem que o carro obedeça.

Também notáveis são as digressões, cujos melhores exemplos são os oito grandes excursos que marcam a divisão interna de cada um dos quatro livros, explicando de forma

---

[33] Thomas, 2019, p. 45-64.
[34] Horsfall, 1995, p. 93.

poética os problemas propostos nas seções técnicas da obra.[35] Em recurso de afirmação das mensagens filosóficas, morais ou éticas desenvolvidas pelo autor, as descrições e narrativas digressionais revelam-se eficiente meio de validação dos seus argumentos e de demonstração simplificada de suas proposições. Por isso, são trechos de profunda sensibilidade estética, que conseguem mover o leitor por meio da singeleza de suas imagens e da melodiosa sonoridade dos versos.

Por fim, nesse trajeto em busca da compreensão da atribuição da qualidade de perfeição às *Geórgicas*, não se pode negligenciar a importância do intrincado diálogo literário que a elas subjaz, composto por vasta gama de alusões, citações e traduções de suas fontes e antecessores. Lembre-se de que a prática da emulação (*aemulatio*), ou a imitação com intuito de superação do modelo, era um modo constituinte do fazer literário da Roma Antiga, e que a explicitação das referências era considerada virtuosa, como um modo de homenagem ou de franco diálogo com autores citados, de tal maneira que era esperado o reconhecimento dos versos transcritos ou traduzidos por parte dos leitores e ouvintes, em superior fruição literária. Assim, a grande ocorrência de citações e alusões abrilhantava o poema, garantindo-lhe tanto a inserção na tradição literária que o influenciou quanto a robustez de sua qualidade e de sua excelência. Ou seja, a emulação não era excludente da perfeição, mas uma de suas características. A lista de autores emulados por Virgílio nas *Geórgicas* é extensa: entre os gregos, Homero, Hesíodo, Ésquilo, Teofrasto, Xenofonte, Calímaco, Árato, Eratóstenes, Apolônio de Rodes, Nicandro, Aristóteles;[36] entre os latinos, Ênio e Lucrécio. À guisa de

---

[35] Horsfall, 1995, p. 76.
[36] Anthon, 1846, p. xxvi-l; Wilkinson, 1969, p. 56-68; Katz, 2008.

exemplo, veja-se a célebre referência a Hesíodo, que foi o modelo assumido pelo próprio Virgílio quando afirmou que cantava pelas cidades romanas um poema ascreu, em alusão a Ascra, terra natal do poeta grego (*Ge.* I, 176):

> γυμνὸν σπείρειν, γυμνὸν δὲ βοωτεῖν (*WD*, 390-391).
> Nu semearás e nu ararás.

> *Nudus ara, sere nudus* (*Ge.* I, 299).
> Ara nu, nu semeia.

Do mesmo modo, na descrição da primavera:

> τῆμος πιόταταί τ' αἶγες καὶ οἶνος ἄριστος (*WD*, 585).
> Então as cabras são mais gordas e o vinho é melhor.
> *Tum pingues agni et tum mollissima uina.*
> Então, mais gorda é a cabra e mais suave é o vinho.
> (*Ge.* I, 341).

5. Tradução

A tradução foi uma atividade literária romana, praticada desde os primórdios de sua produção. Afinal, o próprio surgimento da literatura latina foi marcado pela tradução, a partir da iniciativa de Lívio Andronico de transpor, no século III a.C., os versos homéricos da *Odisseia* para as letras romanas.[37] Vê-se aí o esforço consciente de inserção de Roma no horizonte da produção cultural helenística, além de assim se permitir a formação e o enriquecimento de um sistema literário próprio.[38]

---

[37] Rocha Pereira, 2002, p. 62.
[38] Bassnett, 2003, p. 82.

Assim, duas possibilidades de técnicas tradutórias já eram confrontadas nos anos finais da República, quando Cícero formulou a primeira reflexão ocidental sobre o tema no tratado *De optimo genere oratorum*.[39] Segundo ele, as duas possibilidades existentes eram *ut orator* e *ut interpres*, ou seja, a tradução feita como orador ou como intérprete. De acordo com essa formulação, traduzir como orador significava manter, no texto traduzido, os pensamentos, as formas e as figuras do texto de origem, com palavras adequadas aos usos e costumes romanos, mantendo, desse modo, a qualidade e o caráter do texto de saída, mas sem preocupação com a literalidade da transposição dos versos. Por sua vez, traduzir como intérprete significava traduzir palavra por palavra, seguindo fiel e servilmente o texto original. Nesse sentido, Cícero propunha como melhor a prática *ut orator*, de sorte que uma tradução excelente deveria voltar-se antes à versão de chegada do que ao texto-fonte, de forma a permitir ao tradutor latino outra prática tipicamente romana, a da já referida *aemulatio*, ou seja, o exercício de imitação com intuito de superação do modelo. Acompanhando Cícero, vê-se, portanto, que a tradução serviria para a produção de uma nova versão da obra original na língua de chegada, ou a produção de uma réplica por meio da apropriação cultural do texto de saída. Do mesmo modo, Horácio, na *Ars Poetica*, preconizou que não se deveria traduzir como um *fidus interpres* (intérprete fiel), diferenciando a tradução "palavra por palavra" da tradução perifrástica e criativa do orador.[40] Logo, poder-se-á considerar o texto traduzido como um

---

[39] Furlan, 2010, p. 82.

[40] Hor. *Ars.* 133-134: *nec uerbo uerbum curabis reddere fidus/ interpres*, "nem procure trocar palavra por palavra que nem tradutor fiel". Tradução de Guilherme Gontijo Flores.

metatexto do original, de sorte que o tradutor, que lidava com um público majoritariamente bilíngue em latim e grego, deveria ser avaliado, não pela fidelidade de sua versão, mas pela capacidade de usar seu modelo de modo criativo.[41] Em suma, a tradução não deveria ser uma mera transposição de vocábulos, mas a reinvenção do text-fonte, com a reelaboração do tema original na língua e na sociedade de chegada.

Parece conveniente estender essa proposta latina de prática tradutória *ut orator* de forma mais abrangente na tradução de poesia. Para tanto, a caracterização feita por Aristóteles em relação aos meios de imitação constituintes da poesia é de especial ajuda. Sendo as *Geórgicas* um poema tradicional e superficialmente inserido no gênero didático, uma subespécie aproximada do gênero épico, as regras aristotélicas relativas às epopeias também se aplicam a elas, de modo que lhes são inerentes conjuntamente com a linguagem, a harmonia e o ritmo.[42] Então, aplicando a concepção ciceroniana de tradução a esses modos de imitação típicos da literatura do Mundo Antigo, podemos entender que os três meios relacionados por Aristóteles também podem e devem ser de algum modo traduzidos para a língua e para a realidade do texto de chegada. A tradução da linguagem é evidentemente a transposição de sentido das palavras originais, com a comunicação de seu conteúdo ao leitor da obra traduzida. Por sua vez, a harmonia ou a sonoridade imanente ao texto, apesar de a língua de chegada não ter a variação tonal do latim, pode ser transposta com a reprodução e adequação das figuras de som, como as aliterações, assonâncias, rimas e

---

[41] Furlan, 2010, p. 87.
[42] Aristo, Poe, 1.3.

paranomásias. Por fim, em relação ao terceiro elemento do *epos*, ou seja, o ritmo dos hexâmetros, há que se utilizar uma cadência na língua e no conjunto poético de chegada para espelhar o *ethos* (*mos*, para os latinos), ou o ânimo induzido no leitor pelo poema.

Foram esses os parâmetros norteadores da presente tradução. Considerando o peculiar caráter de deleite estético proporcionado pelo texto original, a tradução deveria tentar recriá-lo, sob pena de descaracterização da própria essência do original, tirando dele boa parte de sua potência. Por isso, a necessidade de a tradução ser feita em versos, sob pena de destruir uma parte importante de sua natureza. Afinal, a transposição do conteúdo poético para a forma prosaica serviria apenas aos interesses acadêmicos de exegese textual, subtraindo do conjunto da obra a fruição de seu ritmo, privando-o do modulador de seu andamento. Para tanto, em adesão à prática que se tem estabelecido nas traduções brasileiras contemporâneas, utilizou-se aqui o verso dodecassílabo, em duas de suas modalidades (6x6 e 4x4x4), que permitem uma extensão maior do verso, capaz de conter algo dos pés métricos dos hexâmetros. Apenas assim, a versão do conteúdo original, acompanhada da reprodução criativa dos fenômenos sonoros e rítmicos existentes no texto de saída, possibilitará ao leitor dessa nova obra algo da fruição proposta e fornecida pelos versos originais do poeta.

Para a presente tradução, foi utilizado o texto-fonte estabelecido por Mynors, na edição oxoniense de 1990. No entanto, foram consultadas para apoio as demais traduções e edições elencadas na bibliografia, com realce para as edições lusófonas de Odorico Mendes, Antônio Feliciano Castilho, João Félix Pereira, Ruy Mayer, Luís Santiago e Gabriel Silva.

6. Conclusão

Com essa intrincada mistura de temas técnicos, poéticos, políticos, filosóficos, religiosos e culturais subjacentes ao texto poético, descritos com o virtuosismo do autor em relação à composição dos versos, das estrofes e da própria estrutura dos quatro livros, e mais sob o acuro formal no tratamento dos temas agrários e a delicada precisão dos elementos literários, sob a percepção de uma perfeição que não foi alcançada nem na *Eneida*, em razão da morte de Virgílio, que a deixou inconclusa e a quis destruir, as *Geórgicas*, esse canto magistral de caráter ético e estético, que enalteceu o trabalho como fonte de grandeza e celebrou as terras onde nasceu o Império Romano, mas cujo maior objetivo foi fornecer ao povo latino um espaço de fruição das belezas naturais e de asilo contra as intempéries da vida pública, erguem-se, de fato, como um *carmen perfectum*, como a mais perfeita obra do mais clássico dos poetas.

Villa of Livia: Jardim fresco 002. [S.l.]: Wikimedia Commons, 2024. Disponível em: https://bit.ly/43koMkd. Acesso em: 18 maio 2025.

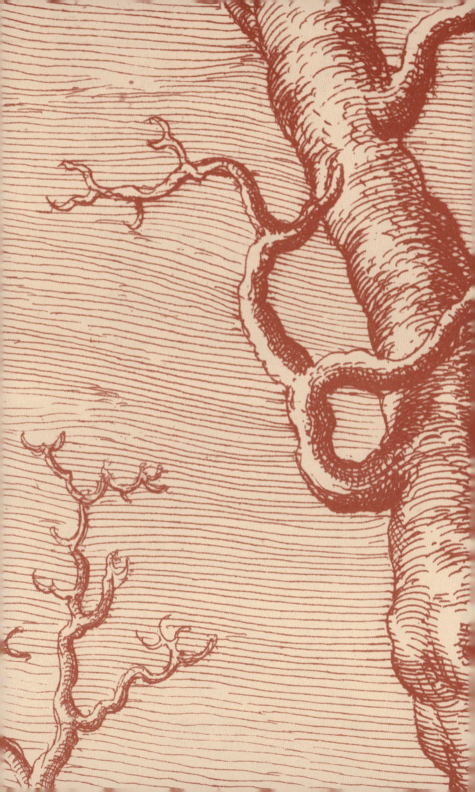

GEÓRGICAS

Livro I

O que alegre a lavoura, em que estrela, Mecenas,
convenha arar a terra e atar ao olmo as vinhas,
como cuidar dos bois e manejar a grei
e quanta experiência exija a miúda abelha
eu cantarei. Vós, claras luzes do universo, 5
que conduzis no céu o percurso dos anos;
ó Líber e alma Ceres, se por vós a terra
as bolotas caônias trocou por espigas
e juntou taças do Aqueloo a achadas uvas;
ó faunos, numes protetores dos campônios 10
(vinde co' as dríades, pois canto os vossos dons);
Netuno, para quem a terra, golpeada
por teu grande tridente, produziu o cavalo;
tu, morador dos bosques, para quem trezentas
alvas reses aparam as moitas da Cea; 15
tu, Pã tegeu, pastor de ovelhas, que deixaste
a pátria e o Liceu (se o Mênalo te importa,
ajuda-me); ó Minerva, autora da oliveira;
tu, menino, que o curvo arado apresentaste;
ó Silvano, que empunhas um tenro cipreste: 20
deusas e deuses, que cuidais das plantações,
que sem semeadura produzis rebentos
e enviais do céu copiosa chuva sobre as messes.
E tu, César, de quem é incerto a que concílio
divino um dia acederás, se desejares 25
que as urbes te cultuem e o mundo te aclame
doador dos frutos e senhor das estações,

com tua fronte cingida por maternos mirtos;
ou se chegares como deus do mar e os nautas
só o teu nume adorarem, submeta-se Tule   30
e com suas ondas Tétis compre-te por genro;
ou se tu aos meses te somares como estrela,
no espaço que se estende entre a Erígone e as Garras
(o ardente Escorpião por ti contraia as patas,
deixando-te no céu mais justa posição);   35
sejas quem fores (mas que o Tártaro por rei
não te almeje, nem queiras tu o cruel reinado,
por mais que a Grécia os Campos Elísios admire,
e, chamada, Prosérpina não siga a mãe!),
dá um rumo fácil, sê propício à empresa audaz;   40
tem dó comigo dos campônios que não sabem
o percurso, e já agora aos votos te acostuma.

Na primavera, assim que o gelo das montanhas
se liquefaz e o Zéfiro os torrões desmancha,
comece já o meu touro a mugir sob o arado   45
e a relha resplandeça atritada nos sulcos.
Do ansioso agricultor a terra atende aos votos
só após sentir duas vezes o sol e os invernos:
sua colheita então arrebenta os paióis.

Antes de inexplorado campo a ferro abrirmos,   50
conheçamos o vento, as variações do céu,
as culturas locais e as práticas nativas,
o que cada lugar produz e ao que se nega.
Aqui, as lavouras; ali as uvas mais vicejam;
noutra região, os matos ou os brotos das árvores.   55
Não vês que Tmolo manda o aroma do açafrão;
que a Índia, os marfins; os lânguidos sabeus, o incenso;

ferro, o nu Cálibe; o castóreo de odor forte,
o Ponto; e Epiro, as palmas das éguas da Élida?
A natureza impôs eternas leis e regras   60
a cada sítio, desde o tempo em que primeiro
Deucalião lançou as pedras no ermo mundo,
das quais nasceram os humanos, dura espécie.
Eia, já no começo do ano, os fortes bois
o fértil chão revolvam; e o calor poento   65
em pleno sol requeime os torrões espalhados.
Mas, sendo um solo infértil, ao chegar o Arcturo,
bastará levantá-lo com sulcos rasteiros
para que o mato grosso não abafe os frutos
e a falta d'água não resseque a areia estéril.   70

Deixarás, finda a safra, em anos alternados,
o campo não roçado firmar-se em pousio.
Mudada a estrela, plantarás o louro farro
lá onde antes havia legumes em vagens
ou finos brotos de ervilhaca e de tremoços   75
de caules frágeis e folhagens ramalhantes.
Queimam o campo as roças de linho, cevada,
e papoula, orvalhada por sono do Lete.
No entanto, a rotação facilita o trabalho;
não temas saturar de rico esterco o solo   80
ou lançar sujas cinzas no campo exaurido.
Variando, assim, as plantações, o chão descansa
sem que, no entanto, sem cultivo não produza.
Sempre convém fazer coivara em campo estéril
e arder a leve palha em chamas crepitantes: 85
ou porque a terra assim recobra a força oculta
e os nutrientes, ou porque coze no fogo
a impureza e evapora a umidade nociva;

ou porque o calor abre os entupidos dutos
e poros em que a seiva chega aos jovens brotos; 90
seja porque endurece o solo e fecha os veios
para que a fina chuva, a potência do sol
ou o frio Bóreas penetrante o não ressequem.
Muito beneficia os campos quem co' a enxada
rompe os torrões e passa o rastelo de canas – 95
e a loura Ceres não em vão do Olimpo o espreita;
ou quem as leiras, que ao lavrar o campo erguera,
retalha obliquamente co' o arrasto do arado
e trabalhando a terra impera sobre as glebas.
    Camponeses, rezai por úmidos verões 100
e invernos secos, quando a terra mais se alegra
e viça o farro: deste a Mísia se enaltece
sem cultivá-lo, e sua seara pasma o Gárgara.
O que direi de quem, após semear, se lança
ao campo a desfazer infecundos torrões, 105
que às roças logo leva os regatos correntes,
e, quando o campo seco esquenta e as ervas morrem,
de um canal inclinado mais a água derrama?
Esta, ao cair em pedra lisa, ruge rouca,
e a cascata alivia os campos ressequidos. 110
E o que direi de quem, pra espiga não tombar,
poda os tenros rebentos do rico trigal
logo que o broto ao sulco se iguala? Ou de quem
co' ávida areia seca os líquidos do charco,
ainda mais se, em incertos meses, caudaloso 115
o rio sobe, tudo cobre e arrasta o limo,
onde profundos lagos jorram mornos fluidos.

Apesar da labuta dos homens e bois,
que aram a terra, a estorvam os gansos vorazes,

os estrimônios grous e os almeirões amargos,   120
e a sombra a prejudica. O Pai não quis que fácil
fosse o caminho do cultivo; foi o primeiro
a arar com arte a terra, aguçando o interesse
dos mortais, sem deixar o reino entorpecer-se.
Antes dele, o colono o chão não subjugava;   125
não se podia assinalar com cerca ou marco
os campos; a colheita era comum; e a terra,
sem que ninguém pedisse, livre tudo dava.
Ele dotou as negras cobras de peçonha,
fez o lobo predar e o oceano se mover,   130
das folhas sacudiu o mel, ocultou o fogo,
e em toda parte represou os rios de vinho,
pra que o uso refletido produzisse a técnica
pouco a pouco, colhesse os cereais nos sulcos
e tirasse do sílex o fogo escondido.   135
Logo, os rios sentiram o entalhado ulmeiro,
e o nauta deu aos astros números e nomes:
Plêiades, Híades e a Ursa de Licáon.
Inventou-se caçar fera a laço; com visgo
prender aves; com cães sitiarem-se as matas;   140
já alguém, buscando o fundo, açoita com tarrafa
o largo rio, ou redes arrasta no mar.
Vieram o rijo ferro e a lâmina da serra
(já que antes se cortava a madeira com cunhas);
vieram as artes! O trabalho insaciável,   145
com a penúria dos duros tempos, tomou tudo.
Foi Ceres que ensinou a arar com ferro a terra,
quando, na sacra mata, o medronho e a bolota
faltavam, e Dodona os víveres negava.
Logo, o trabalho aos grãos somou-se; a má ferrugem   150
rói os colmos, o cardo eriça-se nos campos,

as messes morrem, brota espinhenta touceira
de abrolhos e bardanas, em meio aos canteiros
crescem o triste joio e a estéril aveia.
Pois, a não ser que sempre capines os matos   155
e espantes com barulho as aves, se do campo
não ceifares a sombra ou não pedires chuva,
tu à toa olharás para os silos alheios
e a sacudir carvalhos saciarás a fome.

    Direi agora as armas do rijo campônio,   160
sem as quais não semeia, e as messes não germinam:
primeiro, a relha e a robustez do curvo arado,
o carro vagaroso da mãe eleusina,
os trilhos, os jorrões e o pesado restelo;
mais os balaios de Celeu de vil bambu,   165
grades de vime e a joeira mística de Iaco:
tudo isso deves antes lembrar e prover,
se almejas do divino campo a digna glória.
Daí, com força, arqueia-se na mata o ulmeiro
para ganhar a forma curvada do arado.   170
Estendem-se da base o timão de oito pés,
duas aivecas e o dental de duplo dorso.
Faia ou tília derruba-se para fazer
o jugo e a rabiça, que guia a charrua;
e curem-se as madeiras suspensas no fumo.   175
Posso contar-te muitos antigos preceitos
se não te aborrecer aprender coisas simples.
Antes tens de aplainar com cilindro o terreno,
revirando-o co' as mãos e o firmando co' argila,
pra que o mato não brote, nem o vença o pó;   180
então, as pragas escarnecem: muitas vezes
o camundongo faz na terra toca e silo;

a toupeira sem olhos escava seus ninhos,
acham-se sapos no buraco e muitos monstros
que a terra gera; infestam o farro os carunchos, 185
e as formigas que temem a pobre velhice.
    Também observa quando a amendoeira na mata
de flor se veste e verga os ramos perfumados:
muitos brotos se houver, também haverá trigo
e, no grande calor, grande será a debulha. 190
Porém, se a sombra das folhagens exceder,
na eira se pisarão em vão caules e palhas.
    Para o plantio, vi prepararem sementes,
as mergulhando em negro salitre e lixívia,
pra que, em vagem falaz, maior ficasse o grão 195
e, ainda, que em fogo baixo cozesse mais rápido.
    Mas vi sementes escolhidas com cuidado
que degenerariam se anualmente os homens
não separassem as maiores; por destino,
tudo piora, se degrada e retrocede, 200
como alguém que, co' esforço, a remos sobe o barco
rio acima; porém, se para os fortes braços,
precipitadamente a correnteza o arrasta.

    Também devemos observar do Arcturo os astros,
os dias dos Cabritos e o claro Dragão 205
como quem indo à pátria, em vento e mar levado,
tenta chegar ao Ponto e às gargantas de Abidos.
Quando a Libra igualar do dia e noite as horas,
e, em luz e trevas, dividir o céu, ó homens,
ponde na lida os bois e semeai cevada 210
até que chegue a chuva do inverno intratável.
Tempo é de dar à leiva a semente de linho
e a papoula, e de sobre o arado debruçar-se,

enquanto a terra seca deixa e as nuvens pendem.
Plantai na primavera as favas. Tu, ó alfafa, 215
te aceita o sulco; do painço o anual cuidado,
vem quando o Touro de áureos chifres abre o ano;
e o Cão, cedendo à estrela oposta, então declina.
Mas, se, nas plantações de trigo e bruto farro,
trabalhares o solo e cuidares da espiga, 220
que as matutinas Plêiades de ti se escondam
e que a estrela de Cnossos desça da Coroa
antes que aos sulcos dês as devidas sementes
e confies à terra a esperança anual.
Uns começaram antes do ocaso de Maia, 225
e a colheita os logrou com espigas vazias.
Mas, se plantares a ervilhaca e o vil feijão,
sem descuidares das lentilhas do Pelúsio,
o Boieiro ao se pôr dará sinais certeiros:
começa e estende a semeadura até as geadas. 230

    A regular as estações, o sol dourado
governa o globo dividido em doze signos.
No céu há cinco zonas: uma, sempre o sol
coruscante avermelha e o fogo sempre a abrasa; 234
de um lado e de outro, à esquerda e à direita, as extremas
estendem-se no breu, por gelo enrijecidas.
Entre essas e a do meio, aos míseros mortais
os deuses deram outras duas e um caminho
em que oblíquo o zodíaco completa o giro.
O firmamento, como se ergue nos Rifeus 240
e na Cítia, na Líbia inclina-se pra baixo.
Aquele polo para nós sempre se eleva,
mas veem-no sob os pés o negro Estige e os manes.
Imenso aqui desliza o Dragão sinuoso

como um rio ao redor e em meio às duas Ursas, 245
que temem mergulhar nas águas do Oceano.
Dizem que no outro polo a noite é escura e muda
e que na madrugada suas trevas se adensam,
para onde ao voltar Aurora leva o dia,
de modo que, quando os cavalos do Oriente 250
nos sopram, lá Vésper acende a rubra luz.
Daí, podemos prever no instável céu as chuvas,
a época da colheita e os dias do plantio,
quando convém a remos impelir o mar
traiçoeiro e baixar os navios armados, 255
ou quando derrubar o pinheiro na mata;
não à toa observamos o nascer dos signos
e as quatro diferentes estações no ano.

    Se a fria chuva prende em casa o agricultor,
muito do que em bom tempo às pressas se faria 260
pode-se antecipar. Um lavrador afia
o embotado dental do arado, escava cochos
em troncos, marca o gado e enumera os estoques.
Outro aguça as estacas e o duplo forcado
e apronta para as vinhas os laços da Améria. 265
Ora alguns tecem cestos com varas de vime,
ora torram no fogo grãos e os moem na pedra.
    De fato, mesmo em dias festivos, as leis
permitem tais trabalhos: culto algum proíbe
tirar água dos rios, cercar as lavouras, 270
construir arapucas, pôr fogo no mato
ou mergulhar no rio a malhada de ovelhas.
O condutor sempre carrega o lento burro
co' azeite e frutos simples, e, ao voltar da vila,
traz esculpida pedra de moinho ou piche. 275

  Mas a lua dispôs noutra ordem os dias
propícios ao trabalho. Evita o quinto; nele
nasceram o Orco e as Eumênides, e Terra
em torpes partos procriou Tifeu, Céos, Jápeto
e os irmãos conjurados a rasgar o céu,   280
que tentaram três vezes pôr o Ossa no Pélion
e rolar sobre o Ossa o verdejante Olimpo;
e o Pai três vezes derrubou com raio os montes.
Já o décimo sétimo dia é propício
a plantar vinhas, domar touros e urdir redes.   285
Pras viagens, melhor é o nono; pior pros furtos.
  Na noite fria, alguns trabalhos são melhores,
ou quando, ao vir do sol, Eos orvalha as terras.
É bem melhor podar à noite a leve espiga
e o mato seco; à noite o relento não falta.   290
Vela até tarde alguém no inverno à luz do fogo;
com afiado ferro aguça as tochas. Entretanto,
a consolar com canto o seu longo trabalho,
a esposa com ruidoso pente corre a trama
ou cozinha em Vulcano o líquido do mosto   295
e com folhas escuma a água na panela.
  Colhe-se no verão a rubicunda Ceres;
é no verão que os grãos são pisados nas eiras.
  Ara nu, nu semeia. O inverno é preguiçoso;
os colonos no frio têm o que nasceu   300
e alegres cuidam dos festins que compartilham.
O inverno prazeroso os convida e desfaz
as aflições, igual à nau que, já a aportar
carregada, o marujo coroa-lhe a popa
É tempo de catar bolotas de carvalho,   305
as bagas do loureiro, a oliva e a rubra murta,
de fazer armadilhas para grous e cervos,

de caçar lebres orelhudas, de abater
gamos rodopiando a funda balear,
quando alta jaz a neve e o rio arrasta o gelo. 310

    O que direi das chuvas e estrelas do outono?
Quando é mais breve o dia e mais brando o calor,
do que devem os homens cuidar? Quando cai
chuvosa a primavera? Quando o trigo espiga
e os grãos no verde talo leitosos rebentam? 315
    Vi, muitas vezes, quando o agricultor mandava
os ceifeiros ao campo e colhia a cevada
de frágil caule, os ventos todos se chocarem,
a arrancar da raiz a grávida colheita,
para o alto a levando: assim, em negro vórtice, 320
a tempestade carregava o feno e as palhas.
Muitas vezes, ao céu chegam massas de água,
e as nuvens no alto acumuladas se aglomeram
em escura tormenta; o firmamento cai
e o temporal desmancha o trabalho dos bois 325
e as plantações. Enchem-se as valas e co' estrondos
os rios sobem, ferve o mar encapelado.
O Pai, com a mão direita, na noite das nuvens,
atira raios coruscantes e, co' o impulso,
a terra treme, as feras fogem e o pavor 330
prostra os mortais pelas nações. Ele, com dardo
fulminante, derruba o Ródope, os Ceráunios
e o Atos; denso temporal se junta aos Austros,
e ora a mata, ora as praias com o vento gemem.
    Observa, se isso temes, os meses e os astros 335
do céu, onde se abriga o gelado Saturno
e em quais ciclos no céu vaga o fogo cilênio.
Primeiro, os deuses venerar; oferecer

anuais sacrifícios sobre a relva a Ceres
no fim do inverno, em já serena primavera.　　　　　340
Então, mais gorda é a cabra e mais suave é o vinho,
o sono é doce e as sombras no monte são densas.
Contigo adorem Ceres os jovens do campo:
para ela dilui o mel em leite e Baco;
que a vítima rodeie o canteiro três vezes　　　　　　345
acompanhada pelo coro inteiro e ovante,
e chame Ceres, com clamor, à sua morada.
Que ninguém ponha a foice na espiga madura
sem que cinja com folhas de carvalho a fronte,
dance sem ritmo e cante poemas a Ceres.　　　　　　350

　Para podermos antever com sinais certos
o calor, as tormentas e os ventos de frio,
o Pai mandou que a lua todo mês mostrasse
os indícios dos Austros, para que o campônio
os percebendo abrigue o gado nos currais.　　　　　355
Erguendo-se em seguida os ventos, a agitada
água do mar começa a inchar-se, e um fragor
seco se ouve nos montes; o ruído das praias
mescla-se ao longe e cresce o murmúrio das matas.
A onda mal se contém diante das curvas quilhas,　　360
quando ágeis mergulhões voltam voando do mar
trazendo bulha à praia, as gaivotas marinhas
em terra seca brincam, e a garça-real
deixa seu lago e voa por cima das nuvens.
Muitas vezes verás, na iminência do vento,　　　　　365
as estrelas caírem do céu, pelo breu
da noite, e clarearem-se as caudas de fogo.
Muitas vezes verás palha e folhas voarem,
ou as plumas brincarem a boiar nas águas.

Mas, quando relampeja nas bandas de Bóreas   370
e as casas do Euro e Zéfiro atroam, os campos
nadam nas valas alagadas e os marujos
recolhem enxarcadas velas. Nunca a chuva
prejudicou desavisados; quando chega,
os grous fogem dos vales; a fitar o céu   375
e abrindo as ventas, a novilha inspira o ar;
a andorinha a piar voa sobre a lagoa,
no limo as rãs coaxam a velha querela.
A formiga, trilhando estreito acesso, tira
da funda casa os ovos; o arco-íris bebe   380
as águas e, no pasto em multidão descendo,
um exército de corvos as asas crepita.
Já os pássaros do mar e os que em doces lagoas
na Ásia esquadrinham as campinas do Caístro,
molhando os ombros à porfia, ora a cabeça   385
a mergulhar no mar, ora a correr nas ondas,
viste-os com grande empenho ansiarem pelo banho.
A gralha impertinente chama a plena voz
a chuva e a sós passeia sobre a areia seca.
Também as fiandeiras, que cardam à noite,   390
podem prever o inverno ao verem espirrar
o azeite na candeia e o mofo acumular-se.

    Pelas chuvas não menos podes predizer
com certeiros sinais o sol e o tempo aberto,
pois as estrelas não parecem embotadas,   395
sem depender dos raios do irmão surge a Lua
e carneiros de lã seguem no céu levados.
Na praia, sob o morno sol, o maçarico
caro a Tétis não abre as asas, nem o porco
lembra-se de romper os feixes co' o focinho.   400
Mas as nuvens mais descem, no campo se deitam,

e, vendo do alto do telhado o pôr do sol,
o mocho entoa em vão os seus tardios cantos.
No ar cristalino, Niso bem no alto aparece
disposto a punir Cila pelo fio púrpura; 405
por onde, em fuga, ela co' as asas corta os ares,
eis que, inimigo atroz, com estridor, nas brisas,
Niso a segue; e onde Niso se eleva nas brisas,
ela, em fuga, depressa, co' asas corta os ares.
Roucos corvos crocitam três ou quatro vezes 410
seu nítido grasnido e nos altos abrigos,
com não sei qual doçura maior que o costume,
nas folhas se arreliam. Gostam, finda a chuva,
de rever os pequenos filhotes e o ninho.
Mas não creio que tenham talento divino 415
ou maior previsão por sina concedida;
quando a chuva e a umidade do céu se desviam,
e Júpiter molhado adensa com os Austros
o que era rarefeito, e o que é denso laceia,
muda o aspecto das mentes, os peitos concebem 420
emoções outras e outros ventos traz a nuvem.
Daí, chega ao campo aquele concerto dos pássaros,
a alegria das reses e o grasnar dos corvos.

Se para o sol e as luas na ordem que seguem,
olhares, o amanhã nunca te enganará: 425
não caias nas insídias da noite serena.
Assim que a lua, atrás voltando, mostre as luzes,
se ela abraçar com chifre escuro o negro espaço,
máxima chuva se prepara em campo e mar.
Porém, se um virginal rubor subir-lhe à face, 430
vento haverá – o vento cora a loura Febe.
Mas, se na quarta Lua – é certíssimo o indício –,

pura segue no céu, sem pontas embotadas,
todo esse dia e aqueles que virão depois,
'té o fim do mês, de vento e chuva, estarão livres, 435
e, a salvo, os nautas cumprirão na praia os votos
a Glauco, a Panopeia e ao ínoo Melicertes.
Também o Sol, nascendo ou se pondo nas ondas,
dará sinais – sinais certíssimos dá o Sol
tanto pela manhã quanto ao vir das estrelas. 440
Quando ele variegar o nascente com manchas
e ocultar meio disco, escondido nas nuvens,
espera chuvas, que de cima vem o Noto
funesto para as messes, o rebanho e as árvores.
Já quando os raios na alvorada se dispersam 445
por entre as densas nuvens e, pálida, a Aurora
surge, deixando o leito açafrão de Titono,
ah!, então a folha mal defende as doces uvas;
salta o granizo, que crepita nos telhados.
Mas, quando o Sol, passado o Olimpo, se puser, 450
será útil prestar atenção: sempre vemos
variadas cores se espalharem por seu rosto:
o escuro chuvas anuncia; o rubro, o Euro;
mas, se as manchas ao rútilo fogo se mesclam,
verás com vento e chuvas tudo se agitar: 455
que em noite assim ninguém me aconselhe a partir
para o alto mar, nem a soltar de terra os cabos!
Mas se, ao trazer o dia e ocultá-lo depois,
for claro o disco, em vão te assustarão as nuvens;
e o límpido Aquilão verás mover as matas. 460
O que, enfim, tardo Vésper leva, de onde o vento
busca as nuvens e o que o Austro úmido intenta
o Sol te contará. Quem há que o contradiga?
  Ele ainda avisa sobre latentes tumultos,

conspirações e guerras que crescem ocultas. 465
Quando César morreu, o Sol, por dó de Roma,
de ferrugem velou a brilhante cabeça
e as ímpias gerações temeram noite eterna.
Deram indícios a um só tempo a terra, o mar,
as sinistras cadelas e as aves funestas. 470
Ah, quantas vezes vimos, rompidas as forjas,
o Etna no campo dos ciclopes derramar
bolas de chamas e rochedos liquefeitos!
A Germânia escutou no céu o troar das armas;
com movimento insólito, os Alpes tremeram. 475
Alta voz ressoou no silêncio dos bosques;
fantasmas pálidos de estranhas aparências
foram vistos na noite escura; u'a rês falou
(que infâmia!); o chão gretou-se, os rios detiveram-se,
triste marfim chorou nos templos, suaram bronzes. 480
Revolvendo-se em louco turbilhão, o Erídano,
rei dos rios, a mata alagou e nos campos
grei e currais espalhou; ameaçadoras veias
surgiram abundantes nas sinistras vísceras,
o sangue não cessou de nos poços jorrar, 485
nem os lobos nas urbes calaram seus uivos.
Nunca do céu sereno mais raios caíram,
nem terríveis cometas tanta vez arderam.
Logo entre si lutarem com armas iguais
Filipos viu de novo os batalhões romanos. 490
Aprouve aos deuses adubar com nosso sangue
duas vezes a Emátia e as campinas do Hemo.
Tempo virá quando, decerto, o agricultor
nesses confins, com curvo arado abrindo a terra,
achará dardos corroídos por ferrugem 495
ou baterá o ancinho em ocos capacetes,

a pasmar-se com ossos de abertos sepulcros.
Deuses da pátria, heróis locais, Rômulo e Vesta
que proteges o etrusco Tibre e o Palatino,
ao menos não veteis que esse jovem socorra 500
o século arruinado. Já com nosso sangue
da Troia laomedôncia os perjúrios remimos.
César, por tua causa a morada dos deuses
nos inveja, por glórias humanas buscares.
O justo e o injusto se inverteram. Tantas guerras, 505
tantas faces do crime! E o arado não tem mais
as dignas honras; exilados os colonos,
a terra fica inculta e a foice vira espada.
Daqui faz guerra o Eufrates; dali a Germânia;
rompidos mútuos tratos, as urbes vizinhas 510
pegam armas. No mundo, ímpio Marte se assanha,
como quando as quadrigas irrompem das baias,
dão as voltas, e ao auriga, em vão puxando as rédeas,
arrastam-no os corcéis, sem que o carro obedeça.

Livro II

Até aqui, o cultivo dos campos e os astros;
canto-te agora, ó Baco, e contigo os arbustos
silvestres e a oliveira, que lenta se encorpa.
Vem, pai Leneu, tudo está cheio de teus dons;
graças a ti, prenhe dos pâmpanos do outono, 5
floresce o prado e espuma a vindima nas dornas;
vem, pai Leneu, e, após tirares os coturnos,
tinge comigo em mosto novo as coxas nuas.

    Na produção das árvores, a natureza
é variada, pois umas, sem a ação humana, 10
crescem por si próprias e cobrem até longe
campos e rios, como os juncos, as acácias,
os choupos e os salgueiros de glaucas ramagens;
outras vêm das sementes, como as castanheiras,
o roble sobranceiro dedicado a Júpiter 15
e o carvalho, usual oráculo dos gregos.
Pululam das raízes de algumas os brotos,
como o olmo, a cerejeira e o loureiro parnásio,
que cresce sob as sombras espessas da mãe.
Assim dispôs no início a natureza, e assim 20
viçam matas, pomares e bosques sagrados.
A outras a experiência forneceu o caminho:
alguém, tirando as mudas das árvores-mães,
em sulcos as plantou; outro enterrou estacas
quadripartidas, galhos e varas pontudas. 25
Árvores há que aguardam o galho arqueado

da mergulhia e os grelos que irrompem da terra;
outras não necessitam das raízes, pois
quem as poda não tarda em dar à terra os brotos.
E mais: após cortar o tronco (o dito é incrível), 30
da lenha seca nasce a raiz da oliveira.
Às vezes vemos transformarem-se, sem risco,
uns ramos noutros: macieiras enxertadas
dão peras, pilriteiros tingem-se de ameixas.

    Campônios, aprendei de cada espécie o trato. 35
Amansai os silvestres frutos no cultivo:
não fique ociosa a terra. Convém plantar Baco
no Ísmaro e o Taburno vestir de oliveiras.
Sê propício, Mecenas, à obra que intento;
tu, glória e parte máxima de minha fama, 40
solta as velas e voa sobre o mar aberto.
Não pretendo abranger tudo que há com meus versos,
ainda que cem línguas e bocas eu tivesse
e voz de ferro. Ajuda-me e costeia a praia;
já à mão estão as terras. Não me deterei 45
em rodeios, exórdios ou fictícios cantos.
    Árvores que espontaneamente à luz se elevam
são estéreis, embora despontem viçosas:
subjaz ao solo a natureza. Essas, porém,
se alguém as enxertasse e as transplantasse em sulcos, 50
as despiria do ar agreste; com cultivo,
obedecem às técnicas que desejares.
Já a gema que prorrompe de estéreis raízes
se elevaria se espalhada em ermos campos –
porém, se a copa e os ramos da mãe a sobreiam, 55
não deixam crescer brotos e queimam seus rebentos.
Já a árvore que vem da semente plantada

cresce lenta e, aos distantes netos, dará sombras.
Mas logo a fruta perde o suco e degenera,
e o vinhedo produz cachos vis para as aves. 60
Todas trabalho exigem: todas devem ser
postas em sulcos e demandam grande empenho.
Mas da estaca a oliveira responde melhor;
da muda, a vinha; o mirto de Pafos, de troncos;
nascem dos brotos a aveleira, o grande freixo, 65
a árvore que a Hércules deu a coroa
e as bolotas do Pai caônio, a alta palmeira
e o abeto, destinado aos perigos do mar.
Com brotos de nogueira enxertam-se medronhos,
o estéril plátano produz boas maçãs, 70
e castanhas a faia. A flor da pera alveja
o freixo, e o porco quebra bolotas sob o olmo.

    Há mais de um modo de enxertar e implantar brotos.
Num deles, onde a gema estufa sob a casca
e rompe as delicadas túnicas, no nó 75
faz-se um corte e se insere o germe de outra árvore,
ensinando-o a crescer, então, no úmido córtex.
Noutro, com cunhas fende-se o tronco sem nós,
abre-se até o cerne um caminho e se enxerta
fecunda muda; não demora, a grande árvore 80
com frutíferos ramos sobe rumo ao céu
e espanta-se com folhas e frutos não seus.

    Além disso não há um só tipo de ulmeiro
nem de salgueiro, lódão ou cipreste ideu;
as azeitonas ao nascer não são iguais 85
– há as órcades, as rádios e as acres pausias –,
nem as maçãs de Alcínoo; não têm mesmo broto
as peras de Crostúmio, as sírias e as volemas.

Não pende em nossas árvores o mesmo cacho
que Lesbos colhe nas parreiras de Metimna. 90
Há a uva de Tassos e há as brancas mareótidas,
uma convém ao solo rico; a outra, ao pobre;
com as psítias são feitos os vinhos de passas,
e as lágeos atarão teus pés e língua um dia;
e há a rubra e a temporã. Com que poema, ó Rética, 95
te cantarei? Mas não disputes com Falerno.
Há as uvas amineias do vinho encorpado,
e dão-lhe primazia o Tmolo e o rei faneu.
E há ainda a argites, contra a qual não se disputa
o quanto rende ou quantos anos durará. 100
Eu não te esqueço, ó uva ródia, cara aos deuses
e às sobremesas, nem bumasta de anchos cachos.
Mas incontáveis são as castas e os seus nomes,
e enumerá-los não compensa. Quem quiser
contá-los também busque quantos grãos de areia 105
o Zéfiro revira no deserto líbio,
ou saiba, quando o Euro açoita forte as naus,
quantas ondas do Jônico chegam à praia.

    Não podem tudo produzir todas as terras.
Salgueiro nasce em rio; amieiro, no brejo; 110
o freixo estéril, nas montanhas pedregosas;
murta, no fértil litoral; Baco prefere
o campo aberto; e o teixo, os frios e o Aquilão.
Repara no orbe dominado por colonos,
desde as tendas dos árabes até os gelonos. 115
Em árvores dividem-se as nações. Só a Índia
produz ébano; o incenso, as terras de Sabá.
O que direi dos bálsamos que o perfumado
tronco exsuda, ou das bagas dos verdes acantos?

Ou dos bosques etíopes brancos de lã 120
e como o Sere carda o tosão das folhagens?
Ou das matas da Índia, no extremo do mundo,
já perto do Oceano, onde nenhuma flecha
consegue cortar o ar sobre o topo das árvores,
ainda que seja um povo tão destro co' a aljava? 125
De um afortunado fruto, a Média produz sucos
de gosto azedo e duradouro, e eficiente
caso a madrasta má envenene uma taça
e ervas misture com maléficas palavras,
porque ajuda a tirar o veneno dos membros. 130
Sua árvore parece-se co' a do loureiro,
não tivesse outro cheiro seria um loureiro;
nenhum vento lhe arranca as folhas, e sua flor
prende-se firme; os povos da Média com ela
tratam asma, mau hálito e arquejos de velhos. 135

 Nem as matas da Média, riquíssima terra,
nem o Ganges ou o Hermo turvado de ouro,
nem Índia, Báctria ou a turífera Pancaia
podem rivalizar-se em louvores à Itália.
Não lavraram seu chão touros que sopram fogo, 140
nem se plantaram nele dentes de serpente
ou despontaram messes de elmos e lanceiros,
mas de pesados frutos e Baco do Mássico
foi coberto, e de gado viçoso e oliveiras.
Daqui se arroja ao campo o cavalo de guerra; 145
daqui, ó Clitumno, o gado branco e o touro – a vítima
principal –, em teu rio banhados, levaram
os romanos triunfos aos templos dos deuses.
É sempre primavera, ou verão noutros meses;
a ovelha tem dois partos, dupla safra as árvores. 150

Mas não há tigre bravo ou crias de leoas,
o acônito não burla o mísero que o colhe,
não arrasta no chão as rodilhas imensas
a escamosa serpente, que em bote se enrosca.
Somam-se todas as cidades, monumentos, 155
fortalezas erguidas a mão em penhascos
e rios que deslizam junto a antigos muros.
Não me recordarei dos mares que te banham
a leste e a oeste? E das lagoas? De ti, Lário?
De ti, Benaco, tu que ondeias como o mar? 160
E do porto no forte instalado em Lucrino,
contra o qual estridente o plaino se enfurece,
por onde a Água Júlia contida ressoa
e a maré do Tirreno ao Averno se atira?
Esta terra também exibe nos seus veios 165
filões de prata e cobre, e nela o ouro jorra.
Criou gente aguerrida: os marsos, os sabelos,
os lígures e os volscos armados com chuços;
também os Décios, Mários e os grandes Camilos,
Cipiões duros na guerra, e sobretudo tu, 170
César, que, vencedor nas fronteiras da Ásia,
afastas da romana fortaleza os Indos.
Salve, ó terra satúrnia, ó mãe de heróis e messes,
entro por ti em temas há muito louvados
e em suas técnicas; ousando abrir as fontes, 175
canto um poema ascreu nas cidades romanas.

   Dos solos vêm agora a qualidade, a força,
as cores e o poder que têm de produzir.
As colinas ingratas e as terras hostis,
onde a argila escasseia e há calhaus e touceiras, 180
são propícias ao bosque de olivas de Palas;

serve de indício ali crescerem zambujeiros
e o prado recobrir-se de bagas silvestres.
Mas a terra que é rica e farta em água doce,
em que o campo é fecundo e coberto de plantas, 185
como podemos ver nos vales das montanhas
(para onde das penhas desce a correnteza
e arrasta o fértil limo), e a que é exposta ao Austro
e nutre a samambaia inimiga do arado,
esta irá garantir-te um dia forte e farta 190
cepa com muito Baco; é a que convém às uvas
e ao vinho, com que em áureas páteras libamos
quando o gordo tirreno no altar sopra a flauta
e em salvas ofertamos fumegantes vísceras.
Porém, se preferires criar bois, ovelhas, 195
bezerros e cabritas, que arrasam cultivos,
busca os bosques longínquos da fértil Tarento
ou um campo igual ao que perdeu a infeliz Mântua,
em cujo rio ervoso pastam brancos cisnes.
Não faltarão às greis água limpa e capim, 200
que o quanto as reses comam de dia, de noite
o mesmo tanto o gélido orvalho reponha.
Já a terra quase negra e densa sob a relha,
que se esfarela – e a lavrando isso imitamos –,
convém aos cereais: não verás de outro campo 205
seguirem para casa mais carros de boi;
lá, de onde o irado agricultor abate a mata
improdutiva há muitos anos e derruba
com raízes as velhas moradas das aves,
que, abandonando os ninhos, dirigem-se ao céu, 210
o inculto campo brilha ao impulso do arado.
Às abelhas, porém, o cascalho espalhado
na encosta mal fornece acácias e alecrins;

já o tufo e a greda, pelos quélidros roída,
impedem que outro solo forneça às serpentes 215
tão doces refeições e recurvos abrigos.
O terreno que exala neblina e vapores,
que bebe os fluidos e os devolve quando quer,
que sempre se reveste de verdes folhagens
e com sal ou ferrugem não ataca o ferro, 220
este entrelaçará aos olmos tuas vinhas
e é bom para os azeites; verás, no cultivo,
que é próprio para o armento e aguenta bem a relha.
Aram tal solo Cápua, a encosta do Vesúvio,
e o Clânio, diferente da deserta Acerras. 225

    Agora direi como distinguir os solos.
Se quiseres saber se a terra é leve ou densa –
pois uma aos cereais convém, a outra a Baco:
a Ceres, a mais densa, a Lieu a mais leve,
primeiro escolhe a olho um lugar; manda abrir 230
um buraco no chão; depois, retorna toda
a terra e com teus pés nivela a superfície.
Se faltar terra, o solo é leve e mais convém
ao gado e às vinhas. Mas se a terra se negar
a voltar ao lugar, sobrando ao fosso cheio, 235
o solo é denso: espera glebas resistentes
e grossa crosta; lavra o chão com fortes bois.
Já a terra que é salobra, a que chamam amarga,
(é infértil para os frutos, nem se arada amansa
e não garante a casta a Baco ou o nome às frutas), 240
ela o dirá. Pega no teto esfumaçado
cestos de espesso vime e crivos do lagar;
esse solo ruim e água doce da fonte
neles aperta: toda a água passará

e grandes gotas pingarão por entre os vimes. 245
O sabor evidente mostrará os sinais
e o amargor torcerá a boca que o provar.
De igual forma aprendemos como é um solo rico:
pelas mãos revolvido, ele não se esfarela,
mas, ao modo do piche, entre os dedos se pega. 250
A úmida nutre folhas mais altas, mais fértil
que o preciso. Ah, não seja fecunda demais,
nem se mostre excessiva às primeiras espigas!
A terra que é pesada, o próprio peso mostra,
como a que é leve; o olho de pronto reconhece 255
a negra ou de outra cor; mas o funesto frio
a custo se percebe: o abeto e, u'a vez por outra,
o teixo e a hera escura indicam seus vestígios.

 Co' isso aprendido, lembra de deixar a terra
cozer ao sol, de desfazer grandes torrões, 260
de expor ao Aquilão as glebas reviradas,
antes de plantar vinhas. O melhor terreno
é o quebradiço, maturado em geada e ventos,
e estorroado pelo forte escavador.
 Porém, se a vigilância aos homens não escapa, 265
buscam antes lugar onde as mudas preparem,
igual àquele aonde as levarão depois,
para que da mãe-terra a mudança não sintam.
E mais: marcam na casca a orientação do céu,
para as voltar à posição em que recebam 270
os calores austrais e deem costas ao polo –
muito vale ao que em tenra idade se acostuma.
 Primeiro, indaga se é melhor dispor as vinhas
em morro ou plano. Se preparas campos férteis,
denso semeia (Baco no denso não tarda); 275

mas, se em solo inclinado, abre espaço entre as leivas;
tendo posicionado com rigor as vides,
à risca quadricula inteiramente as linhas,
como quando na guerra a legião estende
as coortes e a tropa põe-se em campo aberto 280
em alinhada formação, e toda a terra
antes de começar a luta ondeia em bronzes,
e Marte, incerto ainda, vagueia entre as armas.
Que em números iguais as fileiras se contem,
não para o olhar nutrir o irrefletido espírito, 285
mas porque de outro modo a terra força igual
não lhes dará e os ramos não se estenderão.

   Talvez perguntes qual a fundura das valas.
Em sulco raso eu ousaria pôr videiras;
e árvores são plantadas mais fundo na terra, 290
sobretudo o carvalho, que o quanto alça a copa
o mesmo tanto desce as raízes ao Tártaro.
Por isso, nem inverno, vento ou chuva o arrancam:
imóvel permanece e vence gerações
a perdurar durante os séculos dos homens; 295
então, estende longe as ramagens e os braços
de um lado e de outro, e ele, no meio, espalha sombras.

   Que os teus vinhedos não se verguem ao poente;
neles não plantes aveleiras; não escolhas
galhos altos, nem brotos no topo das plantas 300
(é imenso o amor à terra); com ferro embotado
não firas gemas, nem enxertes zambujeiros.
Pois ao pastor incauto o fogo escapa às vezes
e, primeiro escondido sob a oleosa casca,
ganha forças, se espalha pelas altas frondes 305

e estrondeia no céu; então, ovante, segue
pelos ramos e reina sobre as altas copas,
envolve em chamas toda a mata e, espesso, lança
ao céu escura nuvem de negra caligem,
pior ainda se de cima a chuva cai 310
sobre a floresta e o vento incêndios multiplica.
E, quando a planta perde as forças da raiz,
caída não recobra o vigor como em terra:
só resta o zambujeiro de folhas amargas.

    Mas não te persuada algum sabido mestre 315
a cavar terra dura enquanto o Bóreas sopra.
Pois o inverno congela o campo e não permite
ao bacelo enterrado enraizar-se no solo.
O melhor é plantar na primavera as mudas,
quando chega a ave branca inimiga das cobras, 320
ou no esfriar do outono, antes que o Sol alcance
com seus corcéis o inverno, já findo o verão.
A primavera é útil às copas e às matas;
as terras intumescem e pedem sementes.
O Éter, onipotente pai, em férteis chuvas 325
desce ao seio da esposa e, imenso, a misturar-se
ao grande corpo, nutre todos os rebentos.
Intransitáveis moitas ressoam com aves,
e o gado, em dias certos, reivindica Vênus.
O solo nutridor concebe e a plantação 330
abre o regaço ao Zéfiro; sobra a umidade
e as ervas ousam confiar-se a novos sóis;
a parreira não teme a investida dos Austros,
nem que o grande Aquilão do céu arroje as chuvas,
mas desabrocha os gomos e abre toda a fronde. 335
Não creio que no início da origem do mundo

outro dia raiasse ou houvesse outro clima;
era então primavera, e a grande primavera
guiava o orbe; o Euro invernal não soprava
quando os primeiros animais sorveram luz, 340
do campo os térreos homens a cabeça ergueram,
feras foram pra mata; e os astros, para o céu.
O esforço os tenros seres não suportariam
se entre o frio e o calor não houvesse um repouso
e a clemência do céu não acolhesse as terras. 345

Ao plantares bacelos nos campos, espalha
curtido esterco; lembra de os cobrir com terra,
e enterra ásperas conchas e pedras porosas;
entre elas a água escoará, entrará alento
e a plantação se animará. Há vinhateiros 350
que em cima deles põem pedregulhos ou telhas:
essa é a defesa contra a chuva ou contra o Cão,
que traz consigo o estio e em sede racha as leivas.

Plantada a muda, resta espalhar bem a terra
junto aos pimpolhos, com a enxada remexê-la, 355
ou trabalhá-la sob o arado, conduzindo
entre as fileiras os novilhos relutantes.
Prepara, então, varetas, hastes descascadas,
bastões de freixo e mais forquilhas resistentes,
para a vide aprender a neles se apoiar, 360
desafiar o vento e trepar nos ulmeiros.

Nessa primeira idade, ao maturar-se em ramas,
poupe-se o broto; enquanto o galho da videira
alça-se à brisa, ao ar lançado a rédeas soltas,
não uses foice, mas com os dedos dobrados 365

deves intercaladas folhas arrancar.
Daí, com forte caule ao olmo já abraçado,
apara então os ramos, poda então os braços
(antes que o ferro temam); e, por fim, exerce
o duro império e impede a abundância das folhas. 370

    Devem-se trançar cercas que afastem o gado,
principalmente enquanto a parra é tenra e frágil;
mais que o ultrajante inverno e o poderoso Sol,
causam-lhe dano as cabras e os búfalos bravos,
e dela se alimentam novilhas e ovelhas. 375
Não tanto o duro frio e a geada a maltratam,
ou o verão, que se deita sobre áridas pedras,
quanto os rebanhos co' o veneno das dentadas
e a cicatriz no tronco que a mordida deixa.
Por esse crime imola-se um bode no altar 380
a Baco, enquanto jogos antigos se encenam,
e os teseidas em todas as vilas e esquinas
premiavam o engenho e, alegres, entre taças
dançavam sobre untados odres na floresta;
e os colonos ausônios, provindos de Troia, 385
com riso e versos indecentes se divertem,
de escavada cortiça usam máscaras feitas,
em poemas divertidos invocam-te, ó Baco,
e em pinheiros penduram os teus amuletos.
Com isso, a vinha amadurece os fartos frutos, 390
enchem-se os cavos vales, as matas profundas
e por todo lugar a que o deus volte a fronte.
Logo, num rito em honra a Baco, cantaremos
poemas da pátria, e pratos e libos levando
ao altar guiaremos pelo chifre o bode 395
e em varas de aveleira assaremos suas vísceras.

No cultivo das vinhas há outro trabalho
que não finda: anualmente, três ou quatro vezes,
deve-se arar o solo, romper com a enxada
sem cessar os torrões e desfolhar as vides. 400
Retorna cíclico o trabalho do campônio,
e o ano sobre suas próprias pegadas regressa.
Quando a parreira perde as derradeiras folhas
e o gélido Aquilão sacode a honra das matas,
já o forte agricultor cuida do ano vindouro, 405
apara co' o recurvo dente de Saturno
a vide que restou e, com poda, a modela.
Sê o primeiro a escavar o solo, a recolher
e a queimar o restolho, a guardar as estacas,
e o último a vindimar! Duas vezes a sombra 410
cobre o vinhedo; duas vezes a erva o abafa:
são dois duros trabalhos. Louva os campos imensos,
mas cultiva o pequeno. Corta ainda nos bosques
pra o atilho hastes de rusco e juncos na ribeira;
mesmo o agreste salgueiro cuidados exige. 415
Já amarrado o vinhal, dispensa a planta à foice;
o último apanhador canta as findas fileiras;
mas deve a terra ser revirada e a poeira
tirada; e a uva madura deve evitar Júpiter.

   Ao contrário, a oliveira não requer cultivo, 420
não aguarda o tenaz ancinho e a curva foice
quando já às leiras se agarrou e aguentou ventos.
A própria terra, aberta por dental e enxada,
supre a umidade e a faz produzir farta safra.
Deves assim nutrir a oliva, grata à paz. 425

As árvores frutíferas, sentindo os troncos
firmes e o seu vigor, estiram-se às estrelas
co' as próprias forças; não precisam que ajudemos.
A floresta não menos se apinha de frutas,
de bagas avermelha-se o aviário selvagem.   430
O codesso é pastagem; a mata fornece
tochas que nutrem fogos e derramam luz.

E hesita-se em plantar e cuidar? Que direi
das árvores mais altas? O salgueiro e a giesta
aos pastores dão sombra, ao rebanho a forragem,   435
cercas às plantações e pastagens ao mel.
É bom ver o buxal ondear no Citoro,
a floresta narícia, que produz resinas,
e os campos não lavrados, sem cuidado humano.
Até no alto do Cáucaso, as matas estéreis,   440
que os Euros animosos quebram e carregam,
cada qual dá seus frutos; o pinho fornece
madeira ao nauta; às casas, o cedro e o cipreste.
Delas o camponês fez raios para as rodas,
rodões para carroças e cascos de barcos.   445
Salgueiro é farto em ramos; ulmeiro, em folhagens;
a murta, em hastes; para a guerra é bom cornisso,
e freixo é recurvado em arcos itureus.
Também delgada tília e torneável buxo
ganham forma entalhados por goiva amolada;   450
na impetuosa correnteza o leve álamo
lançado ao Pó desliza; as abelhas escondem
o enxame na oca casca da velha azinheira.
O que de memorável trouxe o dom de Baco?
Baco deu causa ao crime; ele abateu de morte   455
os bêbados centauros Reco, Folo e Hileu,
que com grande cratera ameaçava os Lápitas.

  Ó afortunados lavradores, se soubessem
os seus bens! Para eles, longe das batalhas,
justa a terra produz do chão fácil sustento. 460
Se eles não têm mansões de pórticos soberbos
que de manhã vomitam levas que os saúdam,
se não se enlevam co' os umbrais de tartaruga
nem co' adornados mantos de ouro e bronzes de Éfira;
se não tingem a branca lã com tinta assíria, 465
nem com canela estragam o límpido azeite,
a eles não faltam calma, vida que não mente,
abundância e sossego em espaçosos prados,
grutas e vivos lagos, vales aprazíveis,
mugir de bois e doces sonos sob as árvores. 470
Há ali tocas de feras, bosque e juventude
que aguenta esforço e é afeita ao pouco; há culto aos deuses
e aos pais. Abandonando a terra, lá a Justiça
entre eles deixou suas últimas pegadas.

  Que, antes de tudo, as doces musas me recebam, 475
elas a quem celebro tomado de amor,
e mostrem-me os caminhos do céu e as estrelas,
os eclipses do Sol e os trabalhos da Lua,
de onde vem o tremor de terra, com que força
o mar, quebrando os diques, incha-se e outra vez 480
se amaina, por que o Sol dos invernos se apressa
ao Oceano, e o que retarda as longas noites.
Porém, se frio o sangue ao redor de meu peito
vedar-me de ir a tais porções da natureza,
que inglório me consolem os campos e córregos, 485
que eu ame a mata e o rio. Onde estão os prados,
o Esperqueu e o Taígeto com suas bacantes
lacedemônias? Quem me levará aos vales

do Hemo e me cobrirá com a sombra das ramas?
Feliz quem pôde conhecer de tudo as causas, 490
pois calcou com seus pés o inexorável fado,
o temor e os estrondos do ávido Aqueronte.
É afortunado aquele que conhece os deuses
agrestes: Pã, as ninfas e o velho Silvano.
Não o preocupam fasces ou púrpura régia, 495
nem discórdia, que leva irmãos à traição,
nem o Dácio, que desce do Histro conjurado,
nem a vida de Roma ou os reinos moribundos;
ele não se condói do pobre ou o rico inveja.
Colhe os frutos dos ramos que os campos por si 500
a ele oferecem, não conhece as duras leis
e o insano fórum, nem os arquivos do povo.
Uns atingem com remo o mar desconhecido,
lançam-se à espada e irrompem em átrios e paços;
alguém leva à ruína a cidade e os penates, 505
desde que beba em gemas e em púrpura durma;
outro esconde a riqueza e sobre o ouro se deita;
diante do rostros um se encanta; pasmo àquele
o aplauso do senado e da plebe extasiam;
uns com sangue vertido dos irmãos se alegram, 510
trocam o lar e os doces umbrais pelo exílio
e procuram a pátria sob um outro sol.
Mas o campônio rompe com o arado a terra:
é o trabalho anual. Daqui sustenta a pátria
e os netos com manadas de bois e novilhos. 515
Não tem qualquer descanso até que o ano sobeje
em frutos, crias do rebanho e hastes de Ceres,
e a safra pese os sulcos e abarrote os silos.
Vem o inverno: é prensada a oliva, de bolotas
volta cevado o porco; as matas dão medronhos. 520

O outono espalha vários pomos; no alto, a vinha
suavemente amadurece sobre as pedras.
Enquanto os doces filhos procuram seus beijos,
guarda o recato a casa, as vacas levam úberes
cheios de leite; os gordos cabritos marrentos 525
lutam na relva. O lavrador celebra os dias
festivos reclinado na grama, onde o fogo
fica aceso; e co' amigos engrinalda a taça
para, com libações, invocar-te, Leneu;
chama os pastores, põe no ulmeiro o alvo dos dardos, 530
e desnudam os rijos corpos para o treino.
    Os sabinos outrora levavam tal vida,
também Remo e o irmão. Assim cresceu robusta
a Etrúria; assim belíssima tornou-se Roma,
que murou para si suas sete colinas. 535
Antes do reino do Dicteu e de a ímpia raça
alimentar-se dos novilhos abatidos,
o áureo Saturno tinha essa vida na terra;
não fora ainda ouvido o soprar das trombetas
ou o crepitar da espada na dura bigorna. 540

    Mas percorremos largo espaço e já é tempo
de soltar dos corcéis as fumegantes nucas.

Livro III

Cantemos-te também, ó Pales, e vós, célebre
pastor do Anfriso, bosque e rios do Liceu.
Outros temas que em verso a mente ocupariam
já são banais. Quem há que não conheça o duro
Euristeu e os altares do odioso Busíris? 5
Quem não falou de Hilas, da latônia Delos,
de Hipodâmia e de Pélops, o hábil cavaleiro
do ombro de marfim? Devo tentar caminho
que me eleve da terra e eu voe vencedor
na voz dos homens. Se me for bastante a vida, 10
eu serei o primeiro a comigo trazer
do Aônio à pátria as musas; a levar-te, ó Mântua,
as palmas da Idumeia, a erguer um templo em mármore
perto da água, onde, imenso e lento, serpenteia
o Míncio, que de juncos entretece as margens. 15
No centro estará César, que o vai ocupar;
para ele, eu vencedor de púrpuras vestido,
cem quadrigas farei desfilar junto ao rio.
Deixando o Alfeu e os bosques de Molorco, a Grécia
eu farei competir na corrida e nos cestos. 20
Co' a fronte ornada por folhagens de oliveira,
darei os prêmios. Me imagino a guiar aos templos
as procissões e a olhar imolados novilhos,
ou a ver como acaba a cena quando mudam
os painéis e o bretão bordado ergue a cortina. 25
Porei nas portas de ouro e sólido marfim
as guerras dos Gangáridas e as de Quirino,

o grande e caudaloso Nilo alvorotado
pela guerra e as colunas de bronze naval,
as urbes na Ásia conquistadas, o Nifate 30
e o parta, que, ao fugir, pra trás atira flechas;
dois troféus de inimigos diversos tomados,
e as nações que duas vezes valeram triunfos.
Haverá mármores de Paros, esculturas
que respirem, a prole de Assáraco, gente 35
de Jove, Tros e o Cíntio, fundador de Troia.
A inveja temerá o Cócito severo,
as Fúrias e as serpentes que em Íxion se enroscam,
a roda imensa e a rocha jamais transponível.
Seguiremos, no entanto, as intocadas brenhas 40
das dríades, Mecenas, por tuas duras ordens.
Minha mente sem ti nada empreende. Vamos,
sem demora! O Citéron, os cães do Taígeto
e Epidauro, a que doma cavalos, te chamam
e, duplicada pela mata, a voz ecoa. 45
Mas logo estarei pronto a cantar as batalhas
de César e a levar a fama de seu nome
pelos anos que existem de Titono a César.

    Se alguém que almeje os prêmios da vitória olímpica
criar cavalos ou novilhos para o arado, 50
das mães escolha bem o corpo. A melhor vaca
terá um olhar ameaçador, cabeça enorme,
nuca grossa e papada do queixo aos jarretes;
então, seu flanco é imenso, tudo nela é grande,
mesmo os pés e as orelhas crespas sob os chifres. 55
A mim não desagradam a de manchas brancas,
a que rejeita o jugo, a que ataca a chifradas,
a semelhante ao touro ou a toda emproada,

que ao andar varre os rastros co' a ponta da cauda.
A idade de aguentar o Himeneu e Lucina 60
finda antes dos dez anos e aos quatro começa;
fora disso, ela é inapta aos partos e ao arado.
Já quando a juventude viçar nos rebanhos,
solta os machos e logo manda o armento a Vênus,
e, uns dos outros gerando, substitui a prole. 65
Para os pobres mortais, da vida o melhor tempo
passa primeiro; sobram doenças, velhice
e cansaço; e inclemente a dura morte os leva.
De algumas reses quererás mudar o corpo:
melhora-as sempre; e, pra depois não reclamares 70
de perdas, antecipa a anual seleção.

    Não de outro modo, seleciona o gado equino:
aos que tu destinares a manter a espécie,
empenha desde cedo especial trabalho.
A começar, o potro de raça caminha 75
mais altivo no campo e trota com leveza;
é o primeiro a se pôr em marcha, a enfrentar rios
e a ousar se confiar a inexplorada ponte;
barulho à toa não o assusta. A nuca é alta,
pequeno o ventre, o crânio é fino, as costas largas, 80
e os músculos no peito animoso exuberam –
são bons o baio e o cinza; ruins, o branco e o alazão.
Então, se ao longe as armas soam, não consegue
ficar parado: agita as orelhas e os membros,
e sopra um fogo concentrado das narinas. 85
A crina é densa e tomba na espádua direita;
percorre o dorso a dupla espinha, e o córneo casco
rígido escava a terra a soar fortemente.
Assim foi Cílaro, domado pelas rédeas
de Pólux; e assim foram, por gregos lembradas, 90

as parelhas dos carros de Marte e de Aquiles,
e o foi Saturno que, ao chegar da esposa, rápido
cobriu de crina a equina cerviz, e ao fugir
com relinchos agudos encheu o alto Pélion.
    Quando ao cavalo os anos ou males definham,   95
tira-o de casa, sem ter dó da idade inútil.
Frio e velho pra Vênus, tenta em vão o ingrato
esforço; mas, se acaso ao combate se atreve,
igual a um fogaréu de palhas, sem vigor
se excita em vão. Por isso, atenta-te mormente   100
à idade e aos ânimos; depois, à parentela,
à dor de ser vencido e às glórias da vitória.
Não vês quando, em veloz competição, os carros
lançam-se ao campo e correm, saindo das pistas,
quando a esperança excita os jovens e o pavor   105
pulsa os seus corações? Com chicote eles instam,
inclinam-se e dão rédeas, e o eixo em brasas voa;
parecem, ora embaixo ora no alto se erguendo,
no ar se elevarem e ascenderem pelos ventos.
Sem demora ou descanso, levanta-se a areia,   110
e a espuma e o bafo dos que correm a umedecem;
quanto é o amor à glória é o afã da vitória.
Quem primeiro atrelou à quadriga os cavalos
foi Erictônio, que venceu em pé nas rodas.
Os lápitas, montados legaram os freios   115
e os giros sobre o dorso, e o cavalo ensinaram
sob o armado soldado a saltar e a trotar.
Os dois trabalhos são iguais; os tratadores
procuram jovem potro, impetuoso e rápido,
ainda que haja um mais velho espantado inimigos,   120
garanta ter o Epiro ou Micenas por pátria
e remonte as origens ao próprio Netuno.

Dito isso, os criadores, na estação propícia,
apressam-se a cevar e encorpar o cavalo
que escolherem por chefe e garanhão da tropa;   125
cortam capim viçoso e dão-lhe co' água e farro,
para aguentar cumprir o aprazível trabalho,
e filhos débeis do jejum o pai não lembrem.
Emagrecem, porém, de propósito as éguas;
assim que o cio pede sua primeira cópula,   130
afastam-nas da fonte e lhes negam forragem.
Põem-nas às vezes a correr e ao sol as cansam
quando a eira geme ao debulhar dos grãos e as palhas
vazias sobem elevadas pelo Zéfiro.
Fazem assim para que o excesso não abafe   135
os usos genitais ou tampe estéreis dutos,
e a égua sedenta acolha e em si conserve Vênus.

    Finda a atenção co' os pais, começa a com as mães.
Quando, ao final da gestação, caminham prenhas,
ninguém deixe que puxem pesadas carroças,   140
que atravessem aos saltos a estrada, que corram
pelo campo ou que nadem em fortes correntes.
Pastem nas calmas matas à beira dos rios,
com musgos, ribanceiras de relva verdíssima,
grutas em que se abriguem e sombras das penhas.   145
No Sílaro e no Alburno verde de azinheiras,
há um inseto comum, cujo nome em latim
é *asilus* – *oístron* para o grego traduzido;
feroz e zumbidor, apavora o rebanho,
que foge para o mato. O mugido enfurece   150
o ar, a floresta e as margens secas do Tanagro.
Juno exerceu outrora com tal monstro as iras,
ao planejar matar a novilha de Ínaco.
O afastarás das éguas prenhas; (uma vez

que no calor mais pica) alimenta as manadas 155
ao vir do Sol ou quando a noite traz os astros.
  Passado o parto, é toda a atenção com as crias;
marcam-se a fogo o nome e os sinais de seu dono,
separam-se os que irão procriar os rebanhos,
os que vão para o altar ou para arar a terra 160
e revolver o campo eriçado de glebas.
Que o restante do armento paste em verdes prados;
já os que tu destinares à lida nos campos,
adestra-os ainda novos, insiste na doma
enquanto a idade aceita e os ânimos são dóceis. 165
Amarra-lhes, primeiro, ao pescoço aros frouxos
de fléxil vime. Então, assim que as livres nucas
à servidão se acostumarem, com cabrestos
junge as parelhas, obrigando-as a um só passo;
puxem pelo terreno carroças vazias 170
que sobre o pó mal deixem rastros. Mais adiante,
o eixo de faia, sob o peso se esforçando,
gema; e o timão de bronze puxe junto as rodas.
No entanto, colherás para a prole indomada
não só capim, cipós ou folhas de salgueiro, 175
também plantado feno; e as vacas parideiras,
como as dos nossos pais, não encherão leiteiras,
porém, darão os úberes às doces crias.
  Se tens paixão, contudo, por guerra e esquadrões,
ou por correr as rodas pelo Alfeu em Pisa 180
e acelerar o carro no bosque de Júpiter,
que o potro veja o brio e as armas dos guerreiros,
ouça a trompa, o gemido da roda arrastada
e o tilintar dos freios na cavalariça;
que cada vez se alegre mais com o elogio 185
do amo e goste do som dos tapinhas na nuca.

Que a tanto seja exposto assim que desmamado,
para que ele confie a cabeça ao cabresto
ainda trêmulo, frágil e inexperiente.
Mas, passados três anos, ao chegar o quarto, 190
que aprenda os giros, soe a cadência do trote,
dobre alternadamente os jarretes, igual
àquele que trabalha; desafie os ventos
na corrida; e no plaino aberto, a rédeas soltas,
que voe, mal deixando pegadas na areia, 195
como quando o Aquilão sobre hiperbóreas plagas
deita-se e espalha o inverno cítio e as nuvens secas;
e então as messes e campinas ondulantes
com o sopro se encrespam, e as matas ressoam,
os vagalhões no litoral se precipitam 220
e o vento varre ao mesmo tempo a terra e o mar.
É o corcel que, a suar até as metas na Élida,
da boca cuspirá espuma ensanguentada
ou puxará com dócil nuca os carros belgas.
Então, só após a doma, deixa o grande corpo 205
engordar com forragem, porque se antes fosse
ficaria atrevido e se recusaria
a aguentar o chicote e a obedecer aos freios.

Mas nenhuma atenção mais robustece as forças
que evitar Vênus e os estímulos do amor, 210
quer desejes criar bovinos, quer equinos.
Mantêm por isso o touro longe, a sós no pasto,
depois de um monte e além de um rio caudaloso;
ou o prendem no curral com farta manjedoura.
Pois ele, ao ver a fêmea, arde e gasta as forças, 215
ela que, com doces meiguices, não permite
que ele de pasto ou mata se lembre, e ainda obriga

que a chifradas combatam seus ricos amantes.
Pasta na grande Sila uma bela novilha;
por ela, os touros lutam com muita braveza; 220
o sangue os corpos banha; os chifres apontados
contra os rivais investem, com longo mugir;
reboam matas e o alto Olimpo. Não costumam
os combatentes ficar juntos nos currais;
parte o vencido, que se exila em terra estranha 225
a gemer sua vergonha, os golpes do orgulhoso
conquistador e o amor que perdeu não vingado;
e, olhando a estrebaria, deixa o antigo reino.
Então, com todo empenho, ele exercita as forças,
pernoita sobre a rocha num leito sem teto; 230
de ásperas folhas e espinheiros se alimenta,
treina sozinho e aprende a pôr no chifre as iras,
marrando contra um tronco; a golpes fere o vento
e a ensaiar o combate levanta poeira.
Depois de recobrar a robustez e as forças, 235
move as insígnias; cai sobre o incauto inimigo
como quando no mar, ao longe branquejando,
a onda, ao se levantar e rolar para a terra,
retumba horrivelmente contra a rocha e tomba
maior que um monte, enquanto embaixo a água referve 240
em torvelinho e lança ao alto a negra areia.
Na terra, todas as espécies de homens, feras,
seres das águas, reses e aves se arremessam
à fúria e ao fogo: o amor é o mesmo para todos.
Noutro tempo, a leoa, esquecida das crias, 245
não vagou mais selvagem nos campos, nem ursas
causaram tanto estrago e mortes pelas matas;
ficam piores a tigresa e a javalina;
pobre de quem percorre os desertos da Líbia.

Não vês que todo o corpo do cavalo treme 250
quando o olfato lhe traz o conhecido odor?
Já não o detêm as rédeas nem o cruel chicote,
nem penhascos nem vales ou rios que levam
na água da correnteza arrancadas montanhas.
O javali sabelo avança, aguça as presas, 255
co' o pé escava a terra, esfrega o lombo em troncos
e aqui e ali enrija os ombros para os golpes.
O que direi do moço, em quem o duro amor
ardeu nos ossos? Na alta noite, ele nadou
no mar bravio; as portas celestes trovejam 260
sobre ele; as águas contra as pedras o reclamam;
mas nem os tristes pais conseguem demovê-lo,
nem a virgem, que em breve viria a morrer.
O que direi dos linces de Baco, dos lobos
e dos cães? E das lutas dos cervos pacíficos? 265
É das éguas, decerto, o furor mais famoso;
Vênus as inspirou quando, a dentadas, Glauco
foi desmembrado pelas quatro éguas de Pótnias.
A além do Gárgara e do Ascânio, o amor as guia;
superam montes e transnadam corredeiras. 270
Logo que a chama alcança as sedentas medulas
(e mais na primavera o calor volta aos ossos),
trepam na rocha e viram as ventas ao Zéfiro,
respiram suas suaves brisas e, sem cópula,
pelo vento emprenhadas (que incrível relato), 275
elas correm por fragas, penhascos e vales –
não, Euro, em direção a teu berço e ao do Sol,
mas para o Cauro e Bóreas, ou para onde o Austro
nasce e entristece o céu com frios temporais.
Por fim, grosso veneno escorre da virilha; 280
o pastor, com razão, dá-lhe o nome de hipômane,

muitas vezes o colhe a maldosa madrasta,
que o mistura com ervas e falas maléficas.

    Mas irrecuperável foge o tempo enquanto
de amor tomados nos detemos em minúcias. 285
Basta do gado grosso: é a vez de um outro assunto:
como tanger a grei lanígera e as cabras.
Esse é o trabalho, ó lavrador; louvor espera!
Sei o quanto é difícil vencer com palavras
nesse assunto e juntar glórias a humildes temas. 290
Mas o amor me conduz aos cimos do Parnaso;
me encanta ir pelo topo, por onde na encosta
nenhum predecessor desceu até a Castália.
Agora, ó Pales veneranda, alteio a voz.

    Começando, eu prescrevo que as ovelhas pastem 295
ervas no aprisco até que chegue a primavera;
que se espalhem no chão samambaias e palhas
para a fria geada não ferir o gado
melindroso ou causar-lhe as sarnas e as frieiras.
    Além disso, aconselho fornecer às cabras 300
braças de folhas e água fresca, e que se exponha
o aprisco ao sol de inverno, abrigado do vento,
voltado para o meio-dia, até que o Aquário
no fim do ano, ao se ocultar, rocie o orvalho.
Porém com menos zelo não cuidemos delas 305
e o proveito será maior, ainda que a lã
milésia em cor de Tiro tingida mais custe.
Delas nascem mais crias; elas dão mais leite;
vazio o úbere, quão mais o balde espume,
tanto mais rios jorrarão na ordenha as tetas. 310
É tosquiada a barba do bode de Cínife

e as cerdas longas de alvo pelo, para usá-las
nos quartéis e nas velas dos pobres marujos.
Pastam na mata e nas alturas do Liceu
espinhenta amoreira e arbustos da montanha, 315
e lembram de voltar com os seus ao redil
e, com úbere cheio, a custo a porta passam.
Logo, co' empenho, afasta-as do frio e do vento,
para dos zelos dos mortais não precisarem;
fornece-lhes comida abundante e folhagem, 320
e não regres o feno até findar o inverno.
    Quando o alegre verão, ao Zéfiro atendendo,
envia os dois rebanhos aos bosques e aos pastos,
ao vir do Lúcifer os campos percorramos
enquanto é novo o dia, enquanto a relva é clara; 325
e o orvalho, bom para o rebanho, cobre as ervas.
À quarta hora do dia, quando vier a sede
e as queixosas cigarras romperem as moitas,
deves levar o armento aos poços e às lagoas
para beber das águas que correm nas calhas. 330
Procura, no calor, um vale assombreado
onde um roble de Júpiter, de velho tronco,
estenda a copa imensa ou a sagrada sombra
de muitas azinheiras cubra a escura mata.
Então, deves dar água e apascentar de novo 335
ao pôr do sol, quando já Vésper o ar amorna,
e já a lua orvalhada restaura a campina,
cantam na moita o pintassilgo e na orla o alcíone.
    Por que em versos direi dos pastores da Líbia,
dos pastos e das tendas dispersas que habitam? 340
Muitas vezes, de dia e de noite, o mês todo
o gado pasta errante no extenso deserto
sem pouso; o campo é vasto. O pastor africano

leva o que tem consigo: as armas, casa, Lares,
e ainda o cão de Amiclas e a aljava de Creta; 345
de igual modo, o romano, nas guerras da pátria
sob a excessiva carga, põe-se em marcha e acampa
diante dos inimigos, antes que o pressintam.
 Não é assim onde vivem os cítios e ficam
a Meótida, o Histro de areias douradas 350
e o Ródope, que chega ao polo e retrocede.
Ali, os rebanhos são guardados nos estábulos,
não há ervas no campo nem folhas nas árvores;
mas a terra se estende ao longe malformada
sob neve e gelo, que se eleva a sete braças. 355
É sempre inverno; o Cauro sempre sopra frio;
o Sol nunca dissipa a escuridão das sombras,
nem quando sobe ao éter por corcéis levado,
nem quando precipita o carro no Oceano.
Os rios, de repente, congelam-se em crostas 360
e sustentam as rodas forradas de ferro;
antes naus abrigavam, agora as carroças;
o bronze racha, as roupas no corpo endurecem,
corta-se o vinho a machadada, os lagos todos
em gelo sólido transformam-se; na barba, 365
a gota do nariz escorrida congela.
Por todo o céu não cessa a neve, os bichos morrem,
os corpulentos bois ficam paralisados,
cobertos pela neve; a manada de gamos
se entorpece enterrada e mal se veem seus chifres. 370
Lá os caçadores com cachorros não os perseguem,
nem os lançam à rede ou os assustam com penas;
mas enquanto co' o peito em vão a neve empurram,
os prendem e esfaqueiam-nos; os gamos berram;
e os cítios, com clamor, satisfeitos os levam. 375

Estes vivem seguros no ócio, em cavernas
no chão cavadas; rolam até lá e queimam
ulmeiro inteiro e grandes troncos de carvalho.
Passam a noite em gozo satisfeitos, fazem
o vinho fermentado de ácidas sorveiras. 380
Esses selvagens vivem no hiperbóreo norte
pelo Euro fustigados, nos montes Rifeus,
e com fulvos tosões do rebanho se vestem.

    Se co' as lãs te preocupas, te afasta dos matos,
da bardana, do abrolho e dos pastos viçosos. 385
Sempre escolhe o rebanho de alvo e tenro pelo;
o carneiro, por branco que seja, se traz
debaixo do úmido palato a língua preta,
rejeita-o para não manchar da prole o velo
com pintas negras, e outro procura no campo. 390
Com presentes de lã – se for possível crer –,
o deus Pã conquistou-te, ó Lua, e te enganou,
à mata te chamando; e tu não o desprezaste.
Quem ame o leite ponha no cocho codessos,
trevos e ervas com sal: assim os animais 395
querem beber mais água, enchem mais as tetas
e escondido sabor de sal passam ao leite.
Há quem das mães afaste os cabritos crescidos
e prenda em seus focinhos barbilhos de ferro.
O leite que é tirado de manhã e de dia 400
prensam-no à noite, e o que se ordenha à tarde e à noite
levam-no em cestos (o pastor vai à cidade)
ou salpicam com sal e o guardam para o inverno.
    Que com os cães não seja o teu último zelo;
alimenta os filhotes de Esparta e os molossos 405
com o soro do leite. Nunca temerás

com tais guardas noturno ladrão nos estábulos,
nem ataques de lobo ou assaltos de iberos.
Perseguirás com cães os burros montanheses;
caçarás na corrida veados e lebres; 410
com seus latidos, javalis expulsarás
dos lamaçais silvestres e ainda impelirás
pelos montes às redes os imensos cervos.

    Aprende a fumegar o estábulo com cedro
e a afugentar pesados quélidros com gálbano. 415
Sob cochos não mexidos muita vez se esconde
víbora perigosa ao toque, à luz fugida;
a cobra horrível para os bois, acostumada
ao teto e às sombras e a injetar peçonha em rês,
deslisa pelo chão. Pastor, com paus e pedras 420
quando ela armar o bote, inchar-se e sibilar,
abate-a; ela fugindo escondeu a cabeça,
e, afrouxando os anéis do meio e o fim da cauda,
arrasta a última roda em lentas espirais.
Nos bosques da Calábria há também desse mal 425
que, alçando o peito, enrosca as escamosas costas
e mostra o longo ventre coberto de manchas;
enquanto os rios correm das fontes e a terra
no Austro da primavera de chuvas se encharca,
vive no lago e insaciável enche a pança 430
de peixes e loquazes rãs; mas, quando o pântano
seca e as terras se racham de calor, no seco,
ela, a girar os olhos chamejantes, sai
ao campo e se enfurece de sede e calor.
Que eu não queira pegar no sono a céu aberto, 435
nem me deitar na relva da encosta de um bosque,
quando, largando a pele, remoçada e fúlgida,

deslizar, ou deixando os ovos e os filhotes
vibrar, ao sol se erguendo, a língua trifurcada.

    Te ensinarei também as causas e os sintomas   440
das doenças. A sarna cobre a ovelha quando
a fria chuva ou o branco inverno a carne adentram,
ou o suor não lavado na tosquia gruda-se
e moitas espinhentas arranham seu corpo.
Os pastores, por isso, banham seus rebanhos,   445
mergulham na água doce o carneiro molhado,
que, solto, desce o rio; e à pele tosquiada
eles aplicam água-ruça de azeitonas
misturada com vivo enxofre, letargírio,
resinas do Ida, cera macia, albarrãs,   450
heléboros fedidos e negro betume.
Porém, nenhum remédio dá mais resultado
que perfurar com lâmina a entrada das úlceras,
onde, coberto, o mal alimenta-se e vive
enquanto nega-se o pastor a usar nas chagas   455
mãos médicas e implora aos deuses bons presságios.
E mais, se a dor entranha os ossos de uma ovelha
e a febre se enfurece e devora os seus membros,
o melhor é tirar o calor, lancetando
a veia intumescida de sangue na pata,   460
como é costume entre os Bisaltas e os Gelonos,
que, quando fogem para o Ródope e aos Getas,
bebem, com sangue de cavalo, leite azedo.
Quando vires a ovelha abrigar-se distante
à sombra e ruminar com preguiça o capim,   465
ser a última da grei, ou no campo deitada
pastar e ficar só até tarde da noite,

debela logo a ferro o mal, antes que grasse
o terrível contágio no gado indefeso.

 O furacão não lança ao mar tantas tormentas 470
quantas as pestes dos rebanhos. As doenças
não pegam um por um, mas o estábulo todo,
a esperança do gado e, junto, a espécie inteira.
Que isso saiba quem hoje, após tão longo tempo,
vê os Alpes, os castelos da Nórica, os campo 475
do Timavo, os domínios ermos dos pastores
e os bosques devastados em grande extensão.
Ali, por podridão dos ares, houve outrora
um período terrível, que abrasou o outono,
matou todos os tipos de gado e de feras, 480
corrompeu as lagoas e infectou os pastos.
Morrer não era simples; quando a sede ardia
levada às veias todas, definhava os membros,
minava em abundância o suor, que arrastava
todos os ossos dissolvidos pela peste. 485
Muitas vezes a vítima no culto aos deuses,
cingida de ínfulas de lã, tombou nas aras
a agonizar entre os ministros hesitantes;
ou, tendo o sacerdote com ferro a imolado,
suas vísceras postas no altar não queimaram 490
e o adivinho não pôde conceder respostas;
o cutelo, porém, mal tingiu-se de sangue
e a areia foi escurecida pelo pus.
Os bezerros, então, morrem nos férteis pastos
e a doce vida entregam junto aos cochos cheios. 495
Daí a raiva alcança os cães; sacode os porcos
uma tosse arquejante, que lhes fecha as goelas.

Desfalece esquecido do treino e da relva
o corcel vencedor, que foge da água e fere
com os cascos o chão: tem orelhas caídas, 500
um suor incerto e o frio dos que vão morrer;
seu couro se resseca e ao tato se enrijece.
São os sinais dos dias que à morte antecedem.
Quando, em seguida, a doença avança e recrudesce,
ofega então profundamente, ardem seus olhos, 505
e ele geme. Distende-se em longos soluços
o baixo ventre; sai das ventas negro sangue;
áspera, a língua aperta a garganta fechada.
Enfiaram nesta um chifre e derramaram vinho;
aos moribundos pareceu a salvação. 510
Foi perdição, pois restaurados se inflamaram
e, prestes a morrer (tomara os deuses deem
aos pios o melhor e esse erro aos inimigos!),
laceravam seus membros, rasgados a dentes.
Eis, fumegando sob a relha, cai um touro, 515
vomita sangue e espuma e geme a última vez.
O triste lavrador desjunge o outro bezerro,
que, a sofrer pela morte do irmão, larga o arado
abandonado na tarefa. Nem as sombras
das altas matas, nem os prados dão-lhe alento, 520
nem o rio mais puro que o âmbar, que corre
por entre as pedras rumo ao campo. O baixo-flanco
afunda-se, o estupor toma os olhos mortiços;
pelo peso abaixada, a cerviz pende à terra.
De que os trabalhos e os bons feitos lhes valeram? 525
Por que araram o chão? Mas mal não lhes causaram
o Baco mássico e os banquetes; só pastaram
folhas e simples ervas, sua bebida foram
as águas cristalinas e os rios correntes;

nenhuma inquietação lhes perturbou o sono. 530
Contam que nessa época foram buscar
as vacas para o culto a Juno, mas que auroques
diferentes levaram os carros ao templo.
Foi preciso que o homem arranhasse a terra,
semeasse co' as unhas e pelas montanhas 535
com a nuca estendida puxasse a carroça.
O lobo não arma emboscada nos currais,
nem ronda à noite o armento: uma grande aflição
dele se apossa. As tímidas corças e os cervos
vagam por entre os cães ao redor das cabanas. 540
A onda banha na praia os animais marinhos
e todos os tipos de peixes, como corpos
naufragados; as focas fogem pelos rios.
Morre a víbora, em vão protegida na toca;
morrem hidras, co' escamas de espanto eriçadas. 545
O ar não é bom nem para as aves que, caindo,
abandonam a vida sob as altas nuvens.
Mas é inútil mudar o pasto, as soluções
são piores. Desistem os próprios peritos
Quíron filírida e Melampo amitaônio. 550
Vinda do breu do Estige para a luz, Tisífone
se enfurecendo, empurra adiante a Doença e o Medo,
e a cada dia mais levanta a ávida fronte.
Co' o balir das ovelhas e o mugir dos bois,
os rios, as encostas e os montes ressoam. 555
Ela leva a matança ao rebanho e amontoa
nos currais os cadáveres em pus desfeitos,
até que aprendam a os cobrir e os enterrar.
Sequer se pode usar o couro, nem lavar
as vísceras com água ou purgá-las no fogo; 560
nem tosquiar a lã de doença e podridão

carcomida, ou pegar as conspurcadas lãs;
se alguém tocasse tais despojos infectados,
chagas febris e suor imundo brotariam
nos membros fétidos, e não demoraria   565
para o fogo sagrado devorar seu corpo.

Livro IV

Direi agora os dons celestes do aéreo mel;
a esta parte também, Mecenas, volta o olhar.
O esplêndido espetáculo das miúdas coisas,
os grandes chefes, hábitos, afãs, nações
e guerras cantarei. A obra é sobre o pequeno, 5
mas não pequena é a glória, se os deuses contrários
consentirem e Apolo rogado atender.

    Antes de tudo, acha um lugar para as abelhas
sem entrada de vento, que impede que levem
para casa o alimento; onde ovelhas e bodes 10
entre as flores não saltem, nem erre a vaquinha,
que, a sacudir no campo o orvalho, esmaga as plantas.
Fiquem longe da farta colmeia o lagarto
escamoso pintado, o abelheiro e outras aves,
como Procne, co' o peito à mão tinto de sangue, 15
pois tudo arrasam, e a seus ninhos impiedosos
levam no bico a doce comida e as abelhas.
Mas que haja perto fontes claras, lagos verdes
de musgos e um regato a correr pela relva.
Palmeira ou zambujeiro deite sombra à entrada, 20
para que, quando o novo rei na primavera
guiar o enxame e a prole fora divertir-se,
um riacho vizinho os convide a sair
do calor e os abriguem as copas das árvores.
Põe no meio das águas, quietas ou correntes, 25
atravessados galhos de salgueiro e seixos,

pra que possam pousar nas pontes e estender
ao sol estivo as asas, se o Euro as retardando
as houver dispersado ou n'água as mergulhado.
Floresçam ao redor as verdes alfazemas,   30
o cheiroso tomilho, a olente segurelha
e violetas, que bebam da fonte que as rega.
   Que a colmeia, por ti costurada à cortiça
ou trançada com juncos flexíveis, disponha
de entrada estreita, pois o inverno, com seu frio,   35
empedra o mel, que no verão se liquefaz.
As abelhas não temem à toa essas forças;
por isso, nos alvéolos, disputam cobrir
com cera as gretas, tampam o alvado com flores,
usando na tarefa o coletado própolis   40
mais grudento que o visgo e as resinas do Ida.
Se é verdadeira a fama, também sob a terra,
encontradas nos ocos de rochas e troncos,
em cavados buracos protegem o lar.
Tens, pra aquecê-las, de cobrir com limo as fendas   45
e ao redor delas colocar algumas folhas.
Não deixes perto o teixo e não ponhas no fogo
vermelhos lagostins; não confies nos charcos,
nem em onde houver cheiro a podre ou carcomida
pedra, que, golpeada, soa e ecoa o som.   50

   Quando o áureo sol expulsa para sob as terras
o inverno, abrindo o céu para a luz do verão,
as abelhas se espalham por bosques e matas,
colhem flores e bebem ligeiras nos rios.
Assim, alegres, com não sei quanta doçura,   55
cuidam dos ninhos e da prole; a cera fresca
forjam com técnica e produzem mel viscoso.

Logo ao veres o enxame sair da colmeia
rumo aos astros voando no claro verão,
e te espantar a nuvem no vento arrastada,   60
presta atenção: elas procuram água e abrigo.
Espalha por ali os prescritos aromas:
de erva-cidreira triturada e flores-mel.
Faz tinidos e toca os címbalos da Mãe;
nas preparadas casas elas pousarão   65
e, por costume, irão se abrigar nos alvéolos.

   Se saírem à luta – pois entre dois reis
às vezes sobrevém com tumulto a discórdia –,
antes se pode perceber o ardor do povo
e os corações no afã da guerra, pois de Marte   70
o som do rouco bronze anima as que se atrasam
e escuta-se um clangor semelhante ao das tubas;
agitadas, então, se apinham, batem asas,
aguçam seus ferrões e preparam os músculos;
no pretório reúnem-se ao redor do rei   75
e com grande clamor provocam o inimigo.
Logo, se é clara a primavera e o campo aberto,
irrompem porta afora e atacam; zumbe o céu;
misturadas, em grande esfera se aglomeram
e lançam-se: não chove mais denso o granizo,   80
nem da azinheira sacudida caem mais frutos.
Os reis de insignes asas em meio às fileiras
no miúdo peito agitam grandes brios, firmes
em não ceder, até que o vencedor obrigue
ou um ou outro a pôr-se em fuga dando as costas.   85
Esse bulir dos ânimos e as grandes lutas
co' um punhado de pó atirado se acalmam.

   Ao chamares de volta da guerra os dois reis,

mata o pior, para que estorvo não se torne;
deixa o melhor reinar na corte, sem rival. 90
Há dois tipos de reis: um tem pintas douradas –
é o melhor e distingue-se por forma e brilho.
Já o outro é arrepiado e, preguiçoso, arrasta
inglório a grande pança. Assim como dos reis,
também têm dois aspectos os corpos das súditas. 95
Umas são feias como a terra que o andarilho
cospe quando sedento caminha no pó;
outras reluzem e cintilam com fulgor,
tendo o corpo coberto de gotas douradas.
Estas são as melhores; delas, a seu tempo, 100
tirarás doce mel, que é mais claro que doce
e é capaz de amansar as durezas de Baco.
    Mas, se o enxame, voando a brincar pelo céu,
deixar ao frio a casa e desprezar os favos,
coíbe a diversão aos ânimos instáveis. 105
E é fácil coibir: tira as asas dos reis,
pois, se eles não voarem, nenhuma das súditas
sairá ou tirará da caserna as insígnias.
Que as convidem jardins de flores de açafrão;
com foice o guardião contra aves e ladrões – 110
Priapo defensor do Helesponto – as proteja.
Quem cuidar disso traga tomilho e pinheiros
da montanha, e ao redor da colmeia os semeie;
que então caleje as mãos no duro esforço; finque
na terra as mudas e com chuva amiga as regue. 115

    Se eu já não estivesse a findar meus trabalhos,
guardando as velas e voltando à terra a proa,
talvez cantasse quais cuidados embelezam
o horto e as rosas, que em Pesto têm duas floradas;

como a endívia se alegra por beber dos rios, 120
e o aipo, nas margens; como o recurvo pepino
cresce o ventre na relva; também não me esqueço
do narciso, que tarde enrama, nem do acanto,
nem da hera pálida ou da murta, que ama as praias.
Pois me lembro que ao pé dos torreões da Ebália, 125
onde o negro Galeso irriga as louras roças,
vi um velho corício, dono de umas poucas
jeiras abandonadas, inférteis e impróprias
às novilhas e ovelhas, inaptas a Baco.
Mas, plantando legumes nas brenhas cercadas 130
de comíveis papoulas, lírios e verbenas,
cria em riquezas igualar-se aos reis, e, à noite,
cobria a mesa com petiscos não comprados.
Na primavera, era o primeiro a colher rosas;
frutos no outono; e, quando frio o inverno as rochas 135
estalava e com gelo represava os rios,
ele podava a copa do tenro jacinto
e increpava o verão e os atrasados Zéfiros.
Daí, era o primeiro a sobejar de enxames
e abelhas prenhas e a espremer o mel dos favos. 140
Ele tinha pinheiros fecundos e tílias
e mais as frutas, com que em nova floração
a árvore se vestia e o outono amadurava.
Ele dispôs em filas ulmeiros adultos,
rijas pereiras, abrunheiros já co' ameixas 145
e um plátano, que ensombra os que ali vão beber.
Retido por difíceis limites prossigo,
mas deixo aos que virão lembrarem desses temas.

 Vamos! Direi a natureza que às abelhas
Júpiter concedeu por haverem seguido 150

o canto dos curetes e os sonoros bronzes
e alimentado o rei dos céus na gruta em Dicte.
Só elas têm crias em comum e na cidade
dividem casa e vivem sob as grandes leis;
só elas os penates e a pátria conhecem;   155
lembrando-se do inverno vindouro trabalham
no verão, e o que colhem guardam para todas.
Umas dedicam-se à comida e, em firme pacto,
empregam-se no campo; outras, dentro da casa,
com seiva de narciso e própolis preparam   160
o alicerce dos favos e a cera suspendem;
outras fazem sair a crescida esperança
da espécie – as crias; outras acumulam mel
e com líquido néctar enchem os alvéolos.
Outras há cuja sorte fez guardar as portas,   165
por turnos observar no céu a água e as nuvens,
dos enxames que chegam receber a carga
e afastar da colmeia indolentes zangões.
A obra fervilha. O mel tem o cheiro a tomilho.
Como quando os ciclopes forjam de metal   170
os raios, e uns enchem de vento o fole e sopram
enquanto os outros n'água mergulham os bronzes,
que rechinam, e o Etna geme com bigornas;
e eles, com ritmo e força, erguem alternados
os grandes braços e com pinça o ferro torcem,   175
não de outro modo, comparando o miúdo ao grande,
o inato amor incita as cecrópias abelhas,
cada uma em seu ofício. As mais velhas vigiam
a cidade, enchem favos e moldam as casas.
As mais novas de noite regressam cansadas   180
co' as coxas carregadas de tomilho; pastam
medronheiros, salgueiros verdes, alfazemas,

açafrões, ricas tílias e escuros jacintos.
Um só de todas é o trabalho, e um só o descanso;
saem de manhã, nunca demoram. Quando Vésper,   185
por fim, as aconselha a deixarem o pasto,
retornam para casa e vão cuidar dos corpos.
Com ruído zumbem junto ao alvado e à soleira.
Após se recolherem ao leito, há silêncio
na noite, e o sono os membros cansados domina.   190
Mas não se afastam da colmeia ao vir das chuvas,
nem ao céu se confiam quando os Euros chegam;
antes, seguras, buscam água ao pé dos muros,
fazem breves passeios e às vezes carregam
pedrinhas, como lastro de barco entre as ondas;   195
com isso se equilibram no meio das nuvens.

    Te espantará um costume que agrada às abelhas,
pois não copulam, nem entregam indolentes
o corpo a Vênus, nem co' esforço dão à luz;
com a boca, porém, colhem no mato as crias,   200
providenciam rei e os pequenos quirites,
e edificam palácios e reinos de cera.
Vez por outra, entre as penhas vagando, elas gastam
as asas ou perecem debaixo da carga,
tamanho o amor às flores e as glórias do mel.   205
Por isso, ainda que sua vida seja breve,
pois não passam do sétimo verão, a espécie
permanece imortal; pelos anos perdura
a fortuna da casa, e avós de avós se contam.
Nem tanto o Egito, a imensa Lídia, os povos partos   210
ou o Hidaspe a seu rei mesmo assim veneravam;
a salvo o rei, têm todas uma só vontade;
se morre, o pacto se desfaz, elas saqueiam

o mel guardado e rompem a grade dos favos.
O rei vigia as obras; admiram-no todas, 215
apinham-se e o rodeiam com zumbido; o levam
nos ombros, e na guerra o protegem seus corpos,
procurando uma bela morte nas feridas.
Por tais sinais e exemplos, dizem que as abelhas
participam da mente divina e do sopro 220
etéreo, porque o deus está em todas as terras,
pelo espaço do mar e no profundo céu.
Desse deus os rebanhos, greis, varões e feras
recebem ao nascer as delicadas vidas;
e na dissolução tudo a ele regressa; 225
sem lugar para a morte, tudo voa vivo
no número dos astros e entra no alto céu.

    Quando fores crestar a augusta casa e o mel
entesourado, antes de tudo sorve e lava
com água a boca, e empunha à tua frente fumaça. 230
Há duas estações de abundante colheita:
logo que a Plêiade se mostra do Taígeto
à terra e com desdém co' o pé o Oceano afasta;
ou quando ela, fugindo da constelação
de Peixes, desce triste às águas invernais. 235
Sua ira é desmedida; mas, se machucadas,
veneno injetam com ferrão, que, às veias presas,
elas deixam e entregam a alma na ferida.

    Mas, se temes o inverno e cuidas do futuro,
te apiedarás dos débeis e alquebrados ânimos; 240
não deixarás de fumegá-las com tomilho,
de cortar a oca cera. O lagarto escondido
come os favos; baratas infestam os ninhos;

à mesa alheia assenta-se o inútil zangão;
com armas desiguais a vespa se imiscui;   245
vêm ímpias traças e, odiada por Minerva,
a aranha tece teias suspensas no umbral.
Quanto mais se lhes tiram, tanto mais se aplicam
em reparar o estrago na abatida espécie;
encherão a melgueira e ensilarão as flores.   250
Já que a vida às abelhas deu nosso infortúnio,
com a triste doença o corpo se enfraquece –
o que perceberás por sinais muito claros:
a cor da enferma muda e a magreza deforma
sua cara. Então, elas carregam para fora   255
os corpos, conduzindo tristes funerais;
ou então, presas pelos pés, pendem no alvado,
ou recolhem-se dentro de alvéolos fechados
de fome entorpecidas, lerdas pelo frio.
Ouve-se um som mais grave; zumbem sem parar,   260
como o Austro frio às vezes na mata murmura,
o mar revolto estala ao refluxo das ondas
ou arde nas fornalhas o fogo voraz:
eu te aconselho a que com gálbano as fumegues,
que com canudo insiras mel e que às cansadas   265
à conhecida refeição chames e exortes.
Será bom misturar o sabor de bugalhos,
rosas secas ou mosto engrossado no fogo,
ou cachos de uvas-passas das videiras psítias,
com tomilho cecrópio e olorosa centáurea.   270
Há também uma flor no prado que os campônios
chamam amelo, uma erva fácil de se achar,
pois ergue-se de u'a só raiz em grande moita;
é dourada, porém nas pétalas que em volta
espalham-se reluz purpúrea violeta;   275

ela, em festões trançada, adorna a ara dos deuses,
tem sabor áspero e os pastores nos podados
vales e junto ao curvo rio Mela as colhem.
Cozinham suas raízes com Baco aromático,
e em cestos servem-na às colmeias como pasto. 280

    Se alguém, no entanto, perder toda a criação,
sem como restabelecer nova linhagem,
é a hora de lembrar a invenção do pastor
da Arcádia e como o sangue podre de um bezerro
imolado as gerou. Mais alto eu cantarei 285
toda a história, voltando às remotas origens.
Lá onde a gente afortunada da pelaia
Canopo habita o Nilo, que em charcos transborda,
e em barcos adornados viaja em seus campos;
e onde a vizinha Pérsia co' a aljava ameaça 290
e com seus sete escoadouros corre o rio, 292
que, após haver descido dos corados Indos, 293
fecunda com sua terra preta o verde Egito: 291
todos põem nessa técnica a sua esperança.

    Para fazê-lo, antes escolhe u' estreito espaço, 295
fechado por telhado e apertadas paredes;
instala nelas quatro janelas voltadas
à oblíqua luz e aos quatro ventos. Um bezerro
de dois anos com chifres já curvos na fronte
procura e tampa o sopro da boca e das ventas, 300
ainda que ele relute. Abatido, a pancadas
dissolve as suas vísceras dentro da pele.
Deixa-o assim fechado e põe sob o seu lombo
ramos partidos, fresca canela e tomilho.
Faze isso enquanto o Zéfiro as ondas impele, 305
antes de o prado se tingir de novas cores

e de a andorinha pendurar na viga o ninho.
A seguir, a umidade aquecida fermenta
nos ossos; veem-se bichos estranhos sem patas,
que depois, a zumbir com asas estridentes, 310
pululam e conquistam mais e mais os ares,
até que irrompem, como a chuva no verão
ou como as flechas disparadas pelos arcos
quando os ligeiros partos começam as lutas.

    Que deus, ó Musas, fabricou pra nós tal técnica? 315
De onde o conhecimento novo veio aos homens?
O pastor Aristeu, como contam, fugindo
do Tempe do Peneu, perdeu suas abelhas
de doença e fome, e triste parou junto ao rio.
Muito então se queixando, assim falou à mãe: 320
"Mãe Cirene, habitante desse fundo abismo,
se o meu pai é o timbreu Apolo, como afirmas,
por que me concebeste de estirpe divina,
mas malsinado? Aonde foi o teu amor
por mim? Por que aguardar os céus tu me ordenavas? 325
Abandono até a honra da vida mortal,
que só a custo concede-me a guarda do gado
e das messes, embora sejas minha mãe.
Vem! Com tua própria mão destrói meus férteis campos,
lança o fogo inimigo aos currais, mata as roças, 330
queima as searas, mete o machado nas vides,
se as minhas glórias tanto enfado te provocam".
A mãe, dos aposentos sob o rio, o ouviu.
Em volta dela, as ninfas cardavam tosões
de Mileto tingidos de hialino verde; 335
eram Drimo, Ligeia, Filodoce e Xanto,
com cabelos brilhantes sobre as alvas nucas,

[e mais Tália, Espió, Cimódoce, Nesseia]
Cidipe e Licoríade – uma delas, virgem;
a outra os trabalhos de Lucina conhecia –, 340
e Clio e Béroe – ambas filhas de Oceano,
ambas douradas, ambas cingidas de peles –,
Deiopeia da Ásia e mais Éfira, Ópis
e Aretusa, que enfim aposentara as flechas.
Para elas, Clímene narrava as vãs cautelas 345
de Vulcano, a armadilha e o adultério de Marte,
e desde Caos contava os amores dos deuses.
E enquanto pelo canto entretidas fiavam,
de novo a mãe ouviu os prantos de Aristeu.
Todas elas nos vítreos tronos se assustaram; 350
antes, porém, das outras irmãs, Aretusa
olhando ao longe, a loura fronte ergueu nas ondas
e disse: "Por tais ais não te assustas à toa,
ó irmã Cirene, pois Aristeu, teu maior
cuidado, está a chorar junto às águas do pai 355
Peneu e desolado chama-te cruel".
Diz a mãe, com a mente tomada por medo:
"Vai, trá-lo para mim. Ele pode tocar
o umbral dos deuses". Também manda o rio abrir-se
e dar entrada ao jovem. Curva em volta dele, 360
igual a uma montanha levantou-se a onda,
aceitou-o em seu seio e o levou sob as águas.
Já admirando a mansão da mãe, o reino aquático,
os lagos nas cavernas e os bosques sonantes,
pasmo co' a gigantesca agitação das águas, 365
ele observava todos os rios que havia
por toda parte sob a terra: o Lico, o Fásis,
as fontes de onde brota o profundo Enipeu,
de onde erguem-se o pai Tibre, as correntes do Anieno,

o Hípane, que ressoa pedregoso, o mísio   370
Caíco e o dourado Erídano, com chifres
de touro – nenhum rio corre pelos férteis
campos rumo ao purpúreo mar com mais afã.
Quando chegou à câmara de teto em cúpula
e a mãe reconheceu o choro vão do filho,   375
em fila as irmãs levam água cristalina
para as mãos e toalhas de aparadas felpas;
outras, manjares põem à mesa e enchem os copos.
Ardem no altar os fogos de Pancaia, e a mãe
lhe diz: "Toma esta taça de Baco meônio;   380
a Oceano libemos". E ela própria invoca
Oceano, que é o pai de tudo, e as irmãs ninfas,
que tomam conta de cem matas e cem rios.
Ela três vezes borrifou Vesta com néctar,
e no alto teto a chama reluziu três vezes.   385
Pelo presságio encorajada, ela assim disse:
"Há um vate de Netuno no abismo de Cárpatos,
o azulado Proteu, que cruza o mar num carro
puxado pelos bípedes peixes-cavalos.
Ele visita agora a Emátia e a sua pátria   390
Palene; nós, as ninfas, e o velho Nereu
o veneramos, pois o vate tudo sabe,
o que foi, o que é e o que o porvir trará;
já que assim quis Netuno, ele apascenta o seu
rebanho imenso e as feias focas sob o pego.   395
Filho, tu tens de o agrilhoar, para que explique
a razão da doença e te seja propício.
Pois, sem que o obrigues, não dará, ainda que implores,
nenhum conselho; com grilhões à força o prende;
desse modo os enganos vãos serão desfeitos.   400
Quando o sol esquentar, a relva tiver sede

e o gado buscar sombras, eu te levarei
ao refúgio do velho, onde, exausto das ondas,
prostrado ele adormece, para que o ataques.
Mas, quando com as mãos e os grilhões o prenderes, 405
várias formas e feras, então, não te enganem.
Virará, de repente, javali, tigresa,
escamosa serpente e vermelha leoa,
ou soará como fogo, ou dos grilhões então
tentará se soltar, em águas dissolvido. 410
Mas quanto mais ele assumir diversas formas,
tanto mais, filho, aperta as tenazes correntes,
até que, após mudar o corpo, o vejas tal
como era quando os olhos de sono fechou".
Disse e verteu um líquido odor de ambrosia 415
sobre o corpo do filho; exalou doce aroma
da cabeleira bem-composta do rapaz,
e adequado vigor sobreveio-lhe aos membros.
Há uma gruta no monte, onde o vento acumula
muita água e para si recorta amplos redutos, 420
porto seguro para os nautas surpreendidos.
Dentro, abrigava-se Proteu atrás de u'a pedra.
A ninfa ali deixou o rapaz a contraluz
e ficou longe obscurecida pelas névoas.
Já ardia o Sírius, que impetuoso abrasa os Indos, 425
e o ígneo sol consumira no céu meio globo,
o mato estava seco e os raios cozinhavam
os rios nos canais até o limo aquecidos
quando, ao sair da água, Proteu foi à gruta
de sempre; a úmida gente marinha exultando 430
ao seu redor espalha borrifos salgados.
As focas sonolentas se estendem na praia,
e ele, como um guardião montanhês de currais

quando Vésper conduz as reses aos abrigos
e o cordeiro provoca os lobos com balidos, 435
numa rocha assentado contava o rebanho.
Quando a chance surgiu, Aristeu mal deixou
que o ancião acomodasse os membros fatigados,
lançou-se aos brados, com algemas o prendendo.
Porém, Proteu, sem se esquecer de seus poderes, 440
transformou-se nas coisas mais prodigiosas:
em fogo, em fera horrível e em rio corrente.
Mas, como nenhum logro achou rumo, vencido
ele retorna à forma e diz com voz humana:
"Quem te ordenou, ó atrevidíssimo rapaz, 445
vires à minha casa? O que buscas aqui?".
E ele: "Tu sabes bem, Proteu, nada te engana;
então desiste. Venho por ordem dos deuses
oráculos pedir sobre os meus infortúnios".
Não mais falou. O vate retorce com ímpeto 450
os inflamados olhos de verdes pupilas.
Rilhando os dentes, grave abriu a boca à sina.

"As iras de algum deus te perseguem; expias
um grande crime. Orfeu desolado te impõe
penas imerecidas – se o fado deixar –, 455
desvairado por terem lhe tirado a esposa.
Pois, fugindo de ti pelo riacho, a jovem,
que viria a morrer, não viu diante dos pés
uma hidra que entre as folhas vigiava as margens.
As dríades em coro encheram de plangor 460
as altas cordilheiras, choraram o Ródope,
o elevado Pangeu, a belicosa terra
de Reso, os getas, o Hebro e a ateniense Orítia.
Consolando na cava lira o triste amor,

ó doce esposa, Orfeu na praia a sós cantava 465
sobre ti para si do vir e ao pôr do sol.
Pela boca do Tênaro, ele atravessou
os profundos umbrais de Dite e o bosque escuro
de medo, e encontrou os manes e o terrível rei
com corações que humanas preces não abrandam. 470
Movidas do Érebo profundo pelo canto,
vinham sombras sutis e fantasmas sem luz,
tantos quantas as aves que aos milhões se escondem
nas ramas quando a tarde ou a chuva invernal
do monte as trazem: mães, varões, corpos sem vida 475
de heróis magnânimos, meninos, virgens moças,
jovens postos na pira ante os olhos dos pais,
rodeados pelo negro limo, o horrendo junco
do Cócito, o odioso charco de águas lentas
e o lago Estige, que o rodeia nove vezes. 480
Espantaram-se os fossos do Tártaro, as casas
da Morte e, co' os cabelos de cobras azuis,
as Eumênides; Cérbero manteve abertas
as três bocas, e a roda de Íxion se deteve.
Já Orfeu, voltando os passos, superara os riscos, 485
e, resgatada, Eurídice tornava às brisas;
seguindo-o atrás – Prosérpina ditara a lei –,
apossou-se do amante súbita loucura,
perdoável, se os manes perdoar soubessem.
Parou e, para Eurídice, já sob a luz, 490
esquecido e ansioso, olhou. Perdeu-se, então,
todo o esforço, rompido o tirânico pacto.
Três estrondos se ouviram nos charcos do Averno.
E ela disse: 'Ai, Orfeu! Que tão grande loucura
nos desgraçou? O Fado impiedoso me chama 495
de volta e o sono fecha meus olhos chorosos.

Agora, adeus: vou envolvida pela noite,
te estendendo – ah, não tua – as inválidas mãos!'.
Assim disse e sumiu como fumaça ao vento
bem diante de seus olhos, e não o pôde ver   500
em vão as sombras abraçar, ainda querendo
muitas coisas dizer. E o barqueiro do Orco
não deixou que de novo ele cruzasse o lago.
Que fazer? Para onde ir outra vez sem ela?
Que pranto os manes moveria; ou rogo, os deuses? 505
Já ela, na barca estígia, fria deslizava.
Dizem que ele chorou durante sete meses
ao pé da rocha, junto às águas do Estrimão,
e que em geladas grutas cantou esta história,
os tigres amansando e arrastando os carvalhos;   510
tal como Filomela, que à sombra do choupo
chora a perda dos filhos, que implumes ainda
o lavrador tirou do ninho, e ela nas noites
aos prantos sobre os ramos renova seu canto
e até bem longe enche o lugar com tristes queixas. 515
Nem Himeneu nem Vênus mudavam-lhe o ânimo.
Ele a sós percorria os hiperbóreos gelos,
o Tânais e o nivoso Rifeu, a chorar
por Eurídice e o inútil presente de Dite;
mas desprezadas nesse afeto, as mães dos Cícones 520
durante os sacrifícios e orgias a Baco
espalharam no campo o espedaçado jovem.
E enquanto o eágrio Hebro rolava a cabeça
de mármore arrancada em meio à correnteza,
a voz e a língua fria chamavam 'Eurídice',   525
e ele, com a alma em fuga, 'Eurídice' clamava,
e 'Eurídice' no rio as margens repetiam."

    Proteu assim falou e saltou no alto-mar,
e formou ao saltar um vórtice de espumas.
Não o fez Cirene, que ao aflito assim falou: 530
"Filho, podes tirar a agonia da mente.
Esta é a causa do mal: as ninfas com que Eurídice
bailava em coros na floresta, a triste morte
mandaram às abelhas. Tu, súplice, faze
oferendas por paz. Presta culto às napeias, 535
que atenderão aos votos, das iras livrando-te.
Mas antes te direi o modo de rogar.
Escolhe quatro touros de admiráveis corpos,
que pastem para ti no topo do Liceu,
e outras tantas novilhas de nuca intocada. 540
Levanta quatro altares no templo das deusas,
derrama das gargantas o sangue sagrado
e dos bois deixa os corpos no bosque frondoso.
Depois que a nona Aurora despontar, oferta
as papoulas leteias aos manes de Orfeu, 545
imola negra ovelha e revisita o bosque:
abatendo a novilha, aplacarás Eurídice".
Sem demora ele cumpre as instruções da mãe;
vai ao templo, levanta os prescritos altares,
conduz os quatro touros de admiráveis corpos 550
e outras tantas novilhas de intocadas nucas.
Quando depois a nona Aurora despontou,
fez a oferenda a Orfeu e retornou ao bosque.
De repente, foi visto um incrível prodígio:
nas entranhas dos bois nos ventres liquefeitas, 555
a zumbir as abelhas rompiam os flancos,
em enxame saíam para o alto das árvores
e pendiam em cachos nos flexíveis ramos.

    Sobre o cultivo das lavouras, greis e árvores
cantei, enquanto César fulminava em guerras 560
o Eufrates. Vencedor, ele dá leis aos povos
que as aceitam e abre uma estrada ao Olimpo.
Então, Partênope nutria-me, Vergílio,
que florescia em ócio inglório, a divertir-me
com poemas juvenis de pastores, cantando: 565
"Títiro, tu sentado embaixo da ampla faia".

Virgílio: breve biografia

Públio Virgílio Marão nasceu em 15 de outubro de 70 a.C., nos idos de outubro do 684º ano da fundação da Urbe, durante o primeiro consulado de Pompeu e Crasso. Era natural de um vilarejo chamado Andes, não distante da cidade de Mântua, localizado às bucólicas margens do rio Míncio, na província da Gália Cisalpina, uma região da península itálica que viria a receber a cidadania romana apenas em 49 a.C. Assim, Virgílio conheceu em seus anos de formação os duros tempos de guerras civis, de convulsão social, de expropriações e conspirações que marcaram as derradeiras décadas da República Romana.

Apesar da glória alcançada em vida e da importância que viria a ter na literatura ocidental, os dados concretos sobre a vida de Virgílio são precários, transmitidos por registros tardios ou por frágeis interpretações alegóricas de seus poemas.[43] Porém, acompanhando a tradição estabelecida pelos seus primeiros biógrafos – Suetônio-Donato, Sérvio, Probo e Filargírio[44] –, imagina-se que ele tenha pertencido a uma família modesta. Seu pai, *Vergilius Maro*, talvez tenha sido oleiro, agricultor e criador de abelhas, e acredita-se que sua mãe se chamasse Maia, ou *Magia Pola*.[45]

---

[43] Wilkinson, 1969, p. 16.
[44] Mendes, 1985, p. 364-393.
[45] Grimal, 2011, p. 33.

Pelas etimologias dos nomes *Vergilius* e *Maro*, pode-se imaginar a sua ascendência etrusca.[46]

As fontes prosseguem dizendo que, apesar da origem rural, Virgílio recebeu a educação típica dos jovens da elite romana, que compreendia o estudo de gramática, literatura e retórica. Assim, ele passou dos doze aos quinze anos de idade em Cremona, sob a orientação de um *grammaticus*; depois, mudou-se para Milão, onde permaneceu até os vinte e dois anos, antes de se estabelecer em Roma, onde pode ter sido colega de Otaviano e Marco Antônio.[47] Nesse período, além da formação jurídica, crê-se que ele tenha manifestado interesse pelo aprendizado de outros campos da erudição e do saber, como medicina e matemática. No entanto, sem aptidão para a advocacia, ele abandonou o fórum para dedicar-se à filosofia. Viajou para Nápoles, onde teve por professor o poeta Partênio de Niceia, com quem aprendeu grego.[48] Além disso, também em Nápoles, Virgílio pode ter tido contato com os filósofos epicuristas Filodemo de Gádara e Síron, em cuja seita teria permanecido por alguns anos.[49]

Quanto à aparência física, a tradição descreve Virgílio como um homem rústico, algo como representado em seu retrato mais antigo conhecido, preservado no Museu Nacional de Bardo, na Tunísia. Já a sua voz, dando-se crédito a Horácio, embora frágil, era melodiosa e tinha encanto e leveza.[50] No entanto, seus biógrafos dizem que ele era lento

---

[46] Hall, 1982, p. 44-50.
[47] Vidal, 1990, p. 41.
[48] P. Vergili Maronis, 1858, p. xvii.
[49] Wilkinson, 1969, p. 23.
[50] *Molle atque facetum/ Vergilio adnuerunt gaudentes rure Camenae – As Camenas alegres no campo/ deram para Virgílio o charme maior da leveza.* Hor. *Sat.* 1.10.44-45. Trad. Guilherme Gontijo Flores.

nos discursos, a ponto de parecer pouco preparado. Dizem também que a sua saúde sempre foi delicada.

No que se refere à sua produção poética, atribuem-se à fase inicial de sua vida e aos anos de sua formação e estudos os poemas reunidos na coleção conhecida como *Appendix Vergiliana*, considerados, entretanto, em sua maioria, espúrios. Sua primeira obra reconhecidamente autêntica foram as *Bucólicas*, que ele escreveu entre 42 e 39 a.C. São um intrincado grupo de dez poemas pastoris ambientados em uma fictícia Arcádia literária, escritos em hexâmetros sob a influência do poeta Teócrito e que alcançaram uma notável adaptação dos modelos helenísticos à atualidade latina.[51]

Dado o sucesso imediato das *Bucólicas*, Virgílio foi recebido no sofisticado círculo de convívio de Caio Cílnio Mecenas, amigo e conselheiro político de Otaviano, o futuro imperador Augusto. E foi por sugestão e com o generoso apoio financeiro de Mecenas que Virgílio iniciou, em Nápoles, a escrever sua obra mais burilada, as *Geórgicas*, um trabalho que demorou sete anos, de 37 a 30 a.C. Já não mais ambientado no mundo bucólico dos pastores, o novo poema buscou inspiração em outros modelos helenísticos, sobretudo, nos poetas gregos Hesíodo, Árato e Nicandro, e nos autores latinos Marco Catão, o Velho, Lucrécio e Marco Terêncio Varrão. Para registro histórico e tentativa de datação, tem a notícia de que as *Geórgicas* foram lidas integralmente para Otaviano quando este retornava de sua vitória em Ácio sobre as tropas de Marco Antônio e Cleópatra, em 31 a.C.

Se as *Bucólicas* haviam concedido celebridade ao poeta, as *Geórgicas* consolidaram sua fama. Assim, já sob os

---
[51] Rocha Pereira, 2002, p. 248.

favores da corte imperial, Virgílio começou em 29 a.C. o seu mais ambicioso projeto – a composição do canto épico de enaltecimento do novo regime do poder romano, agora sob o comando do *princeps* Otaviano: a *Eneida*. E os cantos do poema, enquanto estavam sendo compostos, foram esperados, lidos e ouvidos por Roma e pelo Imperador. No entanto, passados onze anos do seu início, Virgílio não havia terminado de dar os últimos retoques à obra. Por isso, ele quis ainda percorrer a Grécia para ver as paisagens por que passou Eneias em seu heroico caminho desde Troia até o Lácio. Mas nessa viagem, ao chegar a Atenas, Virgílio se encontrou com Otaviano, que estava embarcado na armada imperial, e resolveu seguir viagem em sua companhia. Assim, no retorno à Itália em um dos navios da frota, após sofrer uma severa insolação, chegou a Brundísio em 21 de setembro, dois dias antes de morrer. Por achar que o poema não estava finalizado, pediu a seus editores, Plócio Tuca e Vário Rufo, que destruíssem os originais de *Eneida*. No entanto, Otaviano não permitiu que fosse cumprido o pedido do poeta e mandou que o poema fosse publicado na condição em que se encontrava.

Os restos mortais de Virgílio foram transferidos para Nápoles, sendo sepultados na Via Puteolana, entre o primeiro e o segundo marco miliário.

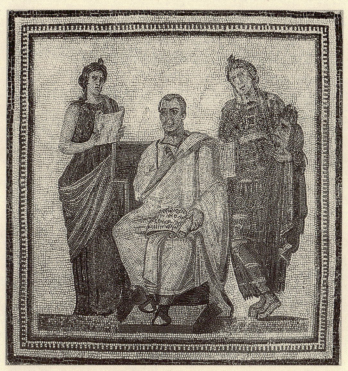
Mosaico de Virgílio

Vida de Virgílio

Atribuída a Caio Suetônio Tranquilo, como transmitida por Élio Donato

Públio Virgílio Marão era mantuano, de pais humildes, sobretudo por parte do pai, sobre quem alguns contam que foi oleiro, mas que para a maioria foi de início empregado por um certo Mago como mensageiro oficial do magistrado municipal e logo tornou-se seu genro, em virtude de sua competência; e que aumentou notavelmente as suas pequenas posses com a compra de um bosque e a criação de abelhas. Nasceu no primeiro consulado de Cneu Pompeu Magno e Marco Licínio Crasso, nos idos de outubro, em uma aldeia chamada Andes, perto de Mântua.

Sua mãe, durante a gravidez, sonhou que paria um ramo de loureiro que, em contato com a terra, se fortaleceu e cresceu ali mesmo, tornando-se uma espécie de árvore adulta repleta de vários frutos e flores. No dia seguinte, dirigindo-se com o marido ao campo vizinho, ela saiu da estrada e pariu em uma vala próxima. Dizem que, quando nasceu, o menino não chorou, já trazia o semblante terno e deixava a impressão de um destino mais próspero do que o dos pais. Mas houve outro presságio, pois, seguindo o costume da região, uma estaca de choupo, imediatamente fincada no local do nascimento, cresceu em tão breve tempo que se igualou aos choupos plantados muito tempo antes. A essa estaca chamou-se "árvore de

Virgílio" e foi reverenciada com suma religiosidade pelas grávidas e parturientes que, naquele lugar, faziam e cumpriam seus votos.

    Virgílio passou o início da vida em Cremona até a toga viril, que recebeu aos quinze anos de idade quando eram cônsules novamente aqueles dois sob os quais nascera, e sucedeu que, no mesmo dia, morreu o poeta Lucrécio. Mas Virgílio mudou-se de Cremona para Milão e, logo depois, para Urbe. Tinha o corpo de grande estatura, de cor trigueira, com aspecto rústico e saúde instável. De fato, ele com frequência padecia do estômago, da garganta e de dores de cabeça, e sempre vertia sangue. Eram mínimos sua comida e seu vinho. Ele se inclinava libidinalmente para os rapazes, entre os quais Virgílio desejou Cebes e Alexandre, que na *Bucólica II* é chamado *Alexim*, ambos jovens que lhe foram dados por Asínio Polião. Eles eram instruídos, e Cebes ainda foi poeta. Falou-se que Virgílio se envolveu com Plótia Hiéria. Mas Ascônio Pediano afirmou que ela, já de maior idade, costumava contar que Virgílio fora convidado por Vário a se unir a ela, mas que, com pertinácia, ele se recusou. Consta, sem dúvidas, que Virgílio pelo resto da vida foi tão probo de boca e de espírito que em Nápoles foi chamado pelo povo de "Partênio". Se alguma vez era visto em público em Roma, aonde raramente ia, refugiava-se dos que o seguiam e o apontavam na casa mais próxima. Além disso, quando Augusto lhe ofereceu os bens de um desterrado, ele se recusou a aceitá-los. Graças à liberalidade dos amigos, tinha cerca de dez milhões de sestércios e era dono de uma casa em Roma, no Esquilino, junto aos jardins de Mecenas, embora a maior parte de seu tempo tenha sido passado na Campânia e na Sicília. Já crescido, perdeu os pais – seu pai estava cego – e dois irmãos carnais – o impúbere Silão e o adulto Flaco, cuja morte ele chorou sob o nome de Dafne. Entre outros estudos, dedicou-se também à medicina e, principalmente, à matemática. Defendeu uma causa diante dos juízes, uma só e não mais que uma vez – de fato, Melisso contou que ele era lentíssimo no discurso, quase igual a um ignorante.

Tendo-se iniciado na poesia ainda menino, fez um dístico contra Balista, o mestre-escola que fora apedrejado pela infâmia do latrocínio:

> Sob estas pedras, sepultado está Balista;
> noite e dia, o viajante vai seguro.

Depois, quando contava com dezesseis anos, escreveu o *Catalepton*, a *Priapeia*, os *Epigramas*, as *Maldições*, a *Círis* e o *Mosquito*, cujo tema é o seguinte: como um pastor, fatigado pelo calor, houvesse dormido sob uma árvore, e uma serpente se aproximara dele, um mosquito voou de um charco e cravou o ferrão no meio de suas pálpebras. Então, o pastor esmagou o mosquito, matou a serpente, ergueu um túmulo para o mosquito e compôs um dístico:

> Meritório mosquito, o pastor de rebanhos
> co' este sepulcro retribui-te o dom da vida.

Escreveu também o *Etna*, sobre o quê restam dúvidas. Logo, como havia começado as narrativas romanas, descontente com a matéria, passou às *Bucólicas*, especialmente para celebrar Asínio Polião, Alfeno Varo e Cornélio Galo, uma vez que na distribuição de terras que, depois da vitória na batalha de Filipos, do outro lado do rio Pó foram repartidas entre os veteranos por ordem dos triúnviros, eles o preservaram dos prejuízos. Depois, escreveu as *Geórgicas* em honra a Mecenas, porque, mesmo o conhecendo pouco, prestara-lhe auxílio contra a violência de um veterano, por quem quase foi morto em uma disputa agrária. Enfim, começou a *Eneida*, uma narrativa variada e múltipla, bastante semelhante a ambos os poemas homéricos; além disso, reunia personagens e feitos gregos e latinos, na qual – pois era o que mais pretendia – estavam contidas as origens da Urbe romana e a de Augusto. Quando escrevia as *Geórgicas*, conta-se que diariamente ele ditava os muitos versos que pensara de manhã e que, os corrigindo durante todo o dia, reduzia a uns poucos, dizendo que não era absurdo que ele parira um poema ao modo das ursas e que o lambia até lhe dar forma. A *Eneida*, que primeiro foi estruturada em prosa, ele decidiu escrevê-la em doze livros na sequência escolhida por sua vontade, desconsiderando a ordem. E, para que nada refreasse seu entusiasmo, registrou alguns trechos ainda incompletos; outros, por assim dizer, ele escorou com palavras ligeiríssimas, as quais, por gracejo, ele afirmava usar como escoras para sustentar a obra, até que viessem as sólidas colunas. Completou as *Bucólicas* em três anos, as *Geórgicas* em sete e a *Eneida* em onze. Publicou as *Bucólicas* com tal sucesso que elas foram recitadas muitas vezes por cantores no teatro. Quando, após a vitória em Ácio, Augusto retornou e se deteve em Atela para se recuperar de um mal da garganta, Virgílio, durante quatro dias consecutivos, leu para ele as *Geórgicas*, revezando com Mecenas quando pausava a leitura todas as vezes que era interrompido pela perda da voz. Ele declamava com suavidade e maravilhoso encanto. Sêneca contou que o poeta Júlio Montano costumava dizer que, se pudesse roubar algo de Virgílio, roubaria a voz e a encenação, pois seus versos soavam bem quando ele os declamava e, sem ele, eram vazios e mudos. Apenas começou a *Eneida*, elevou-se tamanha fama que Sexto Propércio não hesitou em prognosticar:

> Cedei, poetas gregos, romanos, cedei!
> Pois nasce um não-sei-quê maior que a *Ilíada*.[52]

Augusto, quando por acaso se encontrava longe, em expedição na Cantábria, pediu a Virgílio, em cartas com súplicas e ameaças jocosas, que lhe enviasse a *Eneida*, como ele mesmo disse: "ou o primeiro rascunho do poema ou a parte que desejar". Da *Eneida*, porém, muito depois, preparada enfim a matéria, Virgílio recitou para ele unicamente três livros: o segundo, o quarto e o sexto – quanto a este livro, quando Otávia, que estava presente à recitação, ao ouvir com muita emoção os versos relativos a seu filho, "Tu serás Marcelo", desfaleceu e só a custo foi consolada. Virgílio também recitou para muitos, mas não com frequência, e quase que apenas aquelas partes sobre as quais hesitava, para conhecer a opinião das pessoas. Contam que Erotes, seu secretário e liberto, já na extrema velhice, costumava dizer que certa vez, quando recitava Virgílio, completou de improviso dois hemistíquios. Pois, como até então tinha *Misenum Aeoliden* ajuntou *quo non praestantior alter*; e, igualmente *aere ciere uiros*, dito com similar paixão ajuntou *Martemque accendere cantu* e imediatamente lhe ordenou que transcrevesse os dois trechos no volume.

No quinquagésimo segundo ano de vida, decidido a dar a última demão na *Eneida*, resolveu percorrer a Grécia e a Ásia, e por três anos contínuos nada fazer, senão revisá-la,

---

[52] Prop. 2.34.65-66: *Cedite Romani scriptores, cedite Grai!// Nescio quid maius nascitur Iliade*. Trad. Guilherme Gontijo Flores.

para que pelo restante da vida se dedicasse apenas à filosofia. Mas, quando viajava para Atenas, encontrou Augusto, que retornava do Oriente para Roma, e decidiu não o abandonar e ainda regressar com ele. Enquanto visitava uma cidade próxima de Mégara sob um sol extremamente forte, foi acometido por tontura e, sem interromper a navegação, piorou, de modo que chegou em estado grave a Brundísio, onde morreu pouco depois, aos onze dias das calendas de outubro. Eram cônsules Cneu Sêntio e Quinto Lucrécio. Seus ossos foram transladados para Nápoles e sepultados em um túmulo na Via Puteolana, no segundo marco miliário, onde foi escrito tal dístico:

> Gerou-me Mântua, a Calábria me levou; hoje Partênope
> me tem. Cantei pastos, campos e generais.

Nomeou como herdeiro da metade de seus bens Valério Próculo, seu irmão filho de diferente pai; legou um quarto a Augusto, um doze avos a Mecenas, e o restante a Lúcio Vário e Plótio Tuca, que, depois de sua morte, por ordem de Augusto, revisaram a *Eneida*. Sobre esse assunto, restam os versos do cartaginês Sulpício:

> Mandara destruir no fogo esse poema
> Virgílio, que cantou o chefe frígio.
> Vedam-no Tuca e Vário; e tu, máximo César,
> não o permites e velas pelo Lácio.
> A infeliz Pérgamo caiu co' o duplo fogo,
> e quase noutra pira Troia ardeu-se.

Antes de deixar a Itália, Virgílio combinara com Vário que, se alguma coisa lhe acontecesse, queimasse a

Eneida, mas Vário se recusou a fazê-lo. Por isso, no auge da enfermidade, Virgílio pedia insistentemente a caixa dos rolos dos manuscritos, para ele mesmo os queimar. Mas, como ninguém os entregou, ele nada dispôs sobre o poema. Além disso, legou seus escritos a Vário e Tuca, sob a condição de que não publicassem nada além do que ele próprio publicara. Mas Vário publicou a *Eneida* com a autorização de Augusto, apenas ligeiramente corrigida, uma vez que deixou os versos incompletos como estavam. Muitos tentaram completá-los, porém não puderam, em razão da dificuldade, já que quase todos os hemistíquios tinham sentido completo e absoluto, exceto aquele *quem tibi iam Troia*. O gramático Niso dizia que ouvira dos mais velhos que Vário mudara a ordem de dois livros – que o segundo e o terceiro trocaram de lugar – e que também corrigira o princípio do primeiro livro, retirando esses versos:

> Sou aquele que um dia entoei cantos na avena
> e que, da mata egresso, obriguei as vizinhas
> searas a contentarem o ávido colono,
> grata obra ao lavrador, e de Marte ora horrendas
> lutas e o varão canto.

Nunca faltaram a Virgílio detratores, e isso não surpreende, já que não faltaram nem a Homero. Publicadas as *Bucólicas*, um tal Numitório escreveu as *Antibucólicas*, com apenas duas éclogas, mas que eram παρωδήσας, paródias insossas, das quais o início da primeira era:

> Títiro, se usas toga quente, por que a sombra?

E da segunda:

Diz-me, Dameta, *cuium pecus* é latim?
Não, mas falam assim Egón e o campo.

  Um outro, quando ele recitava das *Geórgicas* "Ara nu, nu semeia", completou: "e terás frio e febre". Também existe contra a *Eneida* o livro intitulado *Aeneidomastix*, de Carvilio Píctor, a quem Marco Vipsânio chamava de suposto filho de Mecenas, um autor de novas afetações, nem túmido nem seco, mas com palavras comuns, e por isso obscuras. Herênio reuniu só seus vícios; Perílio Fausto, seus plágios. Também as Ὁμοιοτήτων (as *Semelhanças*), de Quinto Otávio Avito, escrito em oito volumes, contêm os versos que Virgílio copiou, e de onde o fez. Ascônio Pediano propôs que poucas foram as acusações feitas contra Virgílio e que essas foram sobre a história, que em grande parte foi tomada de Homero; mas dizia que costumava assim o defender dessa acusação: "Por que os outros também não tentam os mesmos plágios? Decerto compreenderão que é mais fácil roubar a maça de Hércules do que um verso de Homero"; e que Virgílio decidira se retirar para a satisfação dos malévolos.[53]

---

[53] Texto latino disponível em: http://www.forumromanum.org/literature/donatus_vita.html. Acesso em: 27 maio 2025.

Glossário de nomes

A

ABIDOS. I, 207. Cidade da Mísia, no Helesponto.
ACERRAS. II, 225. Cidade da Campânia, na Itália.
ALBURNO. III, 146. Monte na Lucânia, na Itália.
ALCÍNOO. II, 87. Na mitologia grega, era o rei dos feácios, cujos jardins foram descritos por Homero no livro VII da *Odisseia*.
ALFEU. III, 19, 180. Rio na Élida. Simboliza os Jogos Olímpicos.
ALPES. I, 475; III, 475. Cordilheira europeia.
AMÉRIA. I, 265. Região da Úmbria.
AMICLAS. III, 345. Cidade na Lacônia, na Grécia.
AMÍNEIAS. II, 97. Cidade do antigo território da Campânia, na Itália. Célebre pelo vinho.
AMITAÔNIO. III, 550. Filho de Amitáon, da Tessália.
ANFRISO. III, 2. Rio da Tessália, na Grécia.
ANIENO. IV, 369. Rio sabino da Itália, afluente do rio Tibre.
AÔNIO. III, 12. Monte localizado na região da Beócia, na Grécia, próximo ao monte Hélicon, moradia de Apolo e das Musas.
APOLO. IV, 7, 322. Deus romano filho de Júpiter e Latona. Patrono das artes, da luz, das profecias, da medicina e da juventude.
AQUÁRIO. III, 303. Constelação, cujo ocaso ocorre em fevereiro no hemisfério norte.
AQUELOO. I, 9. Rio da Etólia e nome do deus-rio, filho de Oceano e Tétis.
AQUILÃO. I, 460; II, 113, 261, 334, 404; III, 196. Vento norte.

AQUILES. III, 91. Célebre herói grego, protagonista da *Ilíada*.
ARCÁDIA. IV, 284. Região grega do Peloponeso.
ARCTURO. I, 67, 204. Estrela da constelação do Boieiro.
ARETUSA. IV, 344, 351. Nome de uma ninfa.
ARISTEU. IV, 317, 349, 354, 437. Boieiro, filho do deus Apolo e da ninfa Cirene. Pioneiro na apicultura e na plantação de oliveiras.
ASCÂNIO. III, 269. Lago da Bitínia.
ASSÁRACO. III, 35. Um dos reis de Troia.
ATOS. I, 333. Montanha da Macedônia.
AUGUSTO CÉSAR. I, 25; 503; II, 171; III, 16, 47, 48; IV, 560. *Gaius Iulus Caesar Octauianus Augustus* (23/09/63 a.C. a 19/08/14 d.C.). Fundador do Império Romano.
AURORA. I, 249, 446; IV, 544, 552. Deusa romana do amanhecer. Equivalente à grega Eos.
AUSÔNIOS. II, 385. Da Ausônia, região do Lácio, na Itália. Por extensão, pode se referir ao próprio país e a seus habitantes.
AUSTRO. I, 333, 354, 418, 462; II, 188, 333; III, 278; IV, 261. Vento sul. Refere-se também à direção sul.
AVERNO. II, 164; IV, 493. Lago da Campânia, na Itália. Acreditava-se que fosse uma das entradas para os Infernos.

B

BACO. I, 344; II, 2, 37, 112, 143, 191, 228, 240, 275, 381, 388, 393, 454, 455; III 264, 527; IV, 102, 129, 279, 380, 521. Deus romano do vinho. Equivalente ao deus grego Dioniso. Cf. Leneu, Lieu, Iaco. Usado também para se referir à uva ou ao vinho.
BÁCTRIA. II, 138. País da Ásia Central.
BALEAR. I, 309. Referente às ilhas Baleares, localizadas no mar Mediterrâneo.
BELGAS. III, 204. Povo romano habitante da Gália Bélgica.
BENACO. II, 160. Lago da Itália. Atual lago de Garda.
BÉROE. IV, 341. Nome de uma ninfa.
BISALTAS. III, 461. Povo de origem trácia.

BOIEIRO. I, 229. Constelação.

BÓREAS. I, 93, 370; II, 316; III, 278. Vento norte. Em contexto latino Aquilão.

BUSÍRIS. III, 5. Rei do Egito, que sacrificava aos deuses todos os estrangeiros que chegassem a seu reino. Foi castigado por Hércules. Tema tratado pelo poeta Calímaco.

C

CAÍCO. IV, 371. Rio da Mísia.

CAÍSTRO. I, 384. Rio da Lídia.

CALÁBRIA. III, 425. Província meridional da Itália.

CÁLIBES. I, 58. Povo da região da Anatólia, conhecida como Cáldia. A eles se atribui a invenção da metalurgia.

CAMPOS ELÍSIOS. I, 38. Na mitologia grega, era o local no mundo dos mortos para onde iam as almas dos bem-aventurados.

CANOPO. IV, 287. Cidade no Egito, na foz ocidental do delta do rio Nilo.

CÃO. II, 352. Estrela Sírius, da constelação de Cão Maior. É a estrela mais brilhante do visível a olho nu. Indica a canícula.

CAÔNIA. I, 8; II, 67. Região localizada em Epiro, na Grécia, onde existia um oráculo de Zeus.

CAOS. IV, 347. Deus primordial a surgir no universo.

CÁPUA. II, 224. Cidade da Campânia, na Itália.

CÁRPATOS. IV, 387. Ilha do mar Egeu, entre Creta e Rodes.

CASTÁLIA. III, 293. Fonte localizada em Delfos, aos pés do monte Parnaso.

CÁUCASO. II, 440. Grande cordilheira entre o Ponto Euxino e o mar Cáspio, habitada por povos considerados selvagens pelos romanos.

CAURO. III, 278. Vento noroeste.

CEA. I, 15. Ilha do arquipélago grego das Cíclades, no mar Egeu.

CECRÓPIO. IV, 177, 270. De Cécrops, mítico rei grego, fundador de Atenas. Tomado como epíteto dos gregos.

CELEU. I, 165. Rei de Elêusis, pai de Triptólemo, e a quem a deusa Ceres ensinou a agricultura.

CÉOS. I, 279. Titã filho da Terra e de Urano.
CERÁUNIOS. I, 332. Montanha do Epiro.
CÉRBERO. IV, 483. Cão de três cabeças rodeadas por serpentes, guardião da entrada do mundo inferior.
CERES. I, 7; 96, 147, 297, 339, 343, 347, 350; II, 229. Deusa romana da agricultura, especialmente dos cereais. Equivale à deusa grega Deméter.
CÉSAR. Cf. Augusto.
CÉSAR. I, 466. *Caius Iulius Caesar.* Célebre político e militar romano. Tio-avô de Augusto.
CÍCONES. IV, 520. Povo da Trácia.
CIDIPE. IV, 339. Nome de uma ninfa.
CILA. I, 405. Filha de Niso. Apaixonada por Minos, arrancou o fio de cabelo púrpura de seu pai, causando sua morte. Morta, foi transformada na ave poupa.
CÍLARO. III, 89. Cavalo de um dos Dióscuros.
CIMÓDOCE. IV, 338. Nome de uma ninfa.
CÍNIFE. III, 311. Rio da Líbia.
CÍNTIO. III, 36. Epíteto de Apolo, em razão de seu culto no monte Cinto, em Delos.
CIRENE. IV, 321, 354, 530. Ninfa, filha do rio Peneu.
CITÉRON. III, 43. Cadeia montanhosa entre a Ática e a Beócia, rica em animais selvagens.
CÍTIA. I, 241; III, 197, 349. Região eurasiana, localizada a nordeste do Império Romano.
CITORO. II, 437. Monte da Paflagônia.
CLÂNIO. II, 225. Rio vizinho à cidade de Acerra.
CLÍMENE. IV,345. Nome de uma ninfa.
CLIO. IV, 341. Nome de uma ninfa.
CLITUMNO. II, 146. Rio da Úmbria, na Itália. Acreditava-se que suas águas embranqueciam o pelo dos animais.
CNOSSOS. I, 222. Cidade de Creta.
CÓCITO. III, 37; IV, 479. Um dos rios dos Infernos.
CORÍCIO. IV, 127. Da cidade de Córico, na Cilícia.
CRETA. III, 345. Ilha grega no mar Egeu.

CROSTÚMIO. II, 88. Cidade sabina sobre o Tibre.

D

DÁCIO. II, 497. Habitante da Dácia, região da Germânia.
DEIOPEIA. IV, 343. Nome de uma ninfa.
DELOS. III, 6. Ilha do mar Egeu. Na mitologia, é o local do mitológico nascimento dos deuses Apolo e Diana.
DEUCALIÃO. I, 62. Filho de Prometeu e marido de Pirra, sobreviveu ao dilúvio e, com a mulher, repovoou a terra, lançando para trás as pedras que encontraram, das quais nasceram os homens e as mulheres.
DICTE. IV, 152. Montanha na ilha de Creta.
DICTEU. II, 536. Um dos epítetos de Júpiter, por haver nascido no monte Dicte, na ilha de Creta.
DITE. IV, 468, 519. Nome alternativo de Plutão, deus do mundo subterrâneo.
DODONA. I, 149. Região do Epiro, na Grécia. Local do mais antigo santuário de Zeus, cujo oráculo (um carvalho) era dos mais importantes da Hélade.
DRÍADES. I, 11; III, 41; IV, 460. Ninfas dos carvalhos.
DRIMO. IV, 336. Ninfa. Uma das nereidas.

E

EÁGRIO. IV, 523. De Eagro, pai de Orfeu e rei da Trácia.
EBÁLIA. IV, 125. Denominação de Tarento, cidade localizada na Itália, na região da Apúlia. Foi originariamente uma colônia lacedemônia, de onde advém o epíteto, a partir de Ébalo, rei de Esparta.
ELÊUSIS. I, 163. Cidade da Ática ocidental. Local dos mistérios eleusinos.
ÉLIDA. I, 59; III, 202. Região da Grécia, na costa ocidental do Peloponeso, onde se realizavam os Jogos Olímpicos.
ÉFIRA. II, 464. Antigo nome da cidade de Corinto, na Grécia, célebre pela produção de objetos de bronze.
ÉFIRA. IV, 343. Nome de uma ninfa.

EMÁTIA. I, 492; IV, 390. Região da Macedônia Central.
ENIPEU. IV, 368. Rio grego da Tessália.
EOS. I, 288. Nome grego da deusa romana Aurora, divindade do amanhecer.
EPIDAURO. III, 44. Cidade da Argólida, célebre pelos cavalos.
EPIRO. I, 59; III, 121. Região da Grécia onde ficam os montes Pindo e Dodona; célebre pela produção de cavalos.
ERICTÔNIO. III, 114. Primeiro rei mítico de Artenas. Foi transformado na constelação do Auriga.
ERÍDANO. I, 481; IV, 371. Um dos rios míticos dos Infernos. A tradição antiga afirmava ficar em algum lugar da Europa Central.
ÉREBO. IV, 471. Divindade infernal, ou o próprio mundo subterrâneo.
ERÍGONE. I, 33. Constelação de Virgem.
ESPARTA. III, 405. Região continental grega, na Lacônia.
ESPERQUEU. II, 487. Rio da Tessália, na Grécia.
ESPIÓ. IV, 338. Nome de uma ninfa.
ESTIGE. I, 243; III, 551; IV, 480, 506. Lago mitológico do inferno.
ESTRIMÃO. I, 120; IV, 508. Rio da Trácia.
ETIÓPIA. II, 120. Região africana ao sul do Egito.
ÉTER. II, 325. Na mitologia grega, era a personificação do céu superior, do ar elevado e puro, respirado pelos deuses.
ETNA. I, 472; IV, 173. Vulcão localizado na Sicília. Na mitologia, era o local das fundições de Vulcano, onde os Ciclopes forjavam os raios de Júpiter.
ETRÚRIA. II, 534. Região da Itália, atual Toscana.
EUFRATES. I, 509; IV, 561. Rio mais longo da Ásia Central.
EUMÊNIDES. I, 278; IV, 483. As Benfeitoras. Nome eufêmico dado às Fúrias.
EURÍDICE. IV, 486, 490, 519, 525, 526, 527, 532, 547. Amada de Orfeu.
EURISTEU. III, 5. Rei de Argos, que ordenou a Hércules o cumprimento dos doze trabalhos. Tema tratado por Teócrito.

EURO. I, 371, 453; II, 107, 339, 441; III, 277, 382; IV, 28, 192. Vento leste.

F

FALERNO. II, 96. Cidade do antigo território da Campânia, na Itália. Célebre pelo vinho.
FANEU. II, 98. Relativo ao promontório da ilha grega de Quios, célebre pelo vinho,
FÁSIS. IV, 367. Rio da Cólquida, ligado aos argonautas.
FAUNOS. I, 10. Divindades do campo, com o corpo metade humano, metade bode.
FEBE. I, 431, Deusa Diana, representada pela Lua.
FILIPOS. I, 490. Cidade da Macedônia.
FILÍRIDA. III, 550. Da ninfa Fílira, filha de Oceano.
FILODOCE. IV, 336. Nome de uma ninfa.
FÚRIAS. III, 38. Deusas que personificam a vingança. Correspondem às Erínias, em contexto grego.

G

GALESO. IV, 126. Rio da Itália, na região da Calábria.
GANGÁRIDAS. III, 27. Povo da Índia.
GANGES. II, 137. Rio da Índia.
GÁRGARA. I, 103; III, 269. Pico mais alto do Ida, localizado na Anatólia Central.
GELONO. II, 115; III, 461. Povo habitante da região do atual rio Danúbio.
GERMÂNIA. I, 474, 509. Província romana do centro-norte europeu.
GETAS. III, 462; IV, 463. Povo habitante da região atual do rio Danúbio.
GLAUCO. I, 437. Deus marinho.
GLAUCO. III, 267. Filho de Sísifo e pai de Belerofonte. Por haver impedido que suas éguas se acasalassem, para garantir-lhes a velocidade nas corridas, Vênus fez que fosse devorado pelos animais.

H

HEBRO. IV, 463. Rio da Trácia.

HELESPONTO. IV, 111. Estreito que separa a Europa da Ásia. Atual estreito de Dardanelos.

HEMO. I, 492; II, 489. Montanha da Trácia.

HÉRCULES. II, 66. Herói da mitologia romana. Equivalente ao grego Héracles.

HERMO. II, 137. Rio da Lídia, na Ásia Menor.

HÍADES. I, 138. Ninfas filhas de Atlas e de uma oceânida. Metamorfoseadas em constelação.

HIDASPE. IV, 211. Rio da Índia.

HILAS. III, 6. Um dos argonautas. Foi raptado pelas dríades, o que provocou a loucura de Hércules, seu companheiro no início da jornada em busca do velocino de ouro. Tema tratado por Apolônio de Rodes, Teócrito, Nicandro e, posteriormente, por Valério Flaco.

HIMENEU. III, 60; IV, 516. Deus do casamento. Tomado como o próprio enlace matrimonial.

HÍPANE. IV, 370. Rio da Cítia.

HIPERBÓREOS. III, 196, 381; IV, 517. Povo fabuloso habitante do Extremo Norte.

HIPODÂMIA. III, 7. Filha do rei Enomau. Seu pai a prometeu em casamento àquele que a vencesse na corrida de cavalos. Pélops foi o vencedor.

HISTRO. II, 497; III, 350. Rio da Europa Central. Atual Danúbio.

I

IACO. I, 166. Um dos nomes do deus Baco.

IBERO. III, 408. Da Ibéria, antiga Hispânia romana.

IDA. III, 450; IV, 41. Montanha da Frígia.

IDEU. II, 84. Do Ida, montanha mais alta de Creta.

IDUMEIA. III, 13. Antigo nome da Palestina e Judeia. Região célebre pelas palmeiras.

ÍNACO. III, 153. Rei de Argos, pai de Io.

ÍNDIA. I, 57; II, 116, 122. Subcontinente indiano.
INDO. II, 172; IV, 293, 425. Habitante da Índia.
ÍNOO. I, 437. Relativo a Ino, filha de Cadmo e Harmonia. Casou-se com Atamente e gerou Melicertes.
ÍSMARO. II, 38. Montanha da Trácia, célebre pelas vinhas.
ITUREUS. II, 448. Da Itureia, cidade da Síria.
ÍXION. III, 38. Gigante condenado por Júpiter por haver tentado violar a deusa Juno. Foi amarrado com serpentes a uma corda em chamas, que giraria eternamente.

J

JÁPETO. I, 279. Titã filho de terra e Urano.
JÔNICO. II, 108. Mar localizado ao sul do mar Adriático, entre o sul da Itália e o noroeste da Grécia.
JOVE. III, 36. Nome arcaico de Júpiter.
JÚPITER. I, 418; II, 15, 419; III, 181, 332; IV, 150. Deus romano do céu e do trovão; rei dos deuses.
JUSTIÇA. II, 473. Deusa romana.
LACEDEMÔNIA. II, 488. Região grega no Peloponeso.
LAOMEDÔNCIA. I, 502. De Laomedonte, rei de Troia que negou a Apolo e Poseidon o pagamento pela construção das muralhas.

L

LÁPITAS. II, 457; III, 115. Povo da Tessália, descendentes de Lápito, filho de Apolo.
LÁRIO. II, 159. Lago na Gália Cisalpina. Atual lago de Como.
LATÔNIA. III, 6. Referente a Latona, deusa mãe de Apolo e Diana. Tema tratado por Calímaco.
LENEU. II, 4, 7, 529. Um dos epítetos de Baco. Do grego ληναῖος, que se traduz por aquilo que é relativo à prensa de uva.
LESBOS. II, 90. Ilha grega situada no nordeste do mar Egeu.
LETE. I, 78; IV, 545. Um dos rios dos Infernos. Sua água causava o esquecimento àqueles que nela tocavam.
LÍBER. I, 7. Nome alternativo de Baco, deus do vinho, da

embriaguez, dos excessos e da fertilidade. Equivale ao deus grego Dioniso.

LÍBIA. I, 241, III, 249, 339. Região do norte da África.

LIBRA. I, 208. Constelação de mesmo nome. Indica o equinócio de outono em Roma.

LICÁON. I, 138. Primeiro rei mítico da Arcádia.

LICEU. I, 17; III, 2, 314; IV, 539. Pico mais alto da Arcádia, consagrado ao deus Pã.

LICO. IV, 367. Nome de vários rios da Ásia.

LICÓRIDES. IV, 339. Nome de uma ninfa.

LÍDIA. IV, 210. Província da Ásia Menor.

LIEU. II, 229. Outro nome do deus Baco.

LIGEIA. IV, 336. Nome de uma ninfa.

LÍGURES. II, 168. Povo da Ligúria, na região norte da península Itálica.

LUA. I, 396. Deusa Diana.

LUCINA. III, 60; IV, 340. Epíteto da deusa Juno, como protetora dos partos.

LÚCIFER. III, 324. Estrela-d'alva, ou o planeta Vênus.

LUCRINO. II, 161. Lago na Campânia, na Itália.

M

MAIA. I, 225. Uma das Plêiades.

MANES. I, 243; IV, 469. Almas dos parentes mortos, muito reverenciadas pelos romanos.

MÂNTUA. II, 198; III, 12. Região da Itália. Local de nascimento de Virgílio.

MAREÓTIDA. II, 91. Relativo ao lago Mareótides, situado no Egito, perto de Alexandria.

MARSOS. II, 167. Povo do Lácio, na Itália.

MARTE. I, 511; II, 283; III, 91; IV, 70, 346. Deus romano das guerras. Equivale ao deus grego Ares.

MÁSSICO. II, 143; III, 527. Monte na Campânia, na Itália, célebre pela produção de uvas vinícolas.

MECENAS. I, 1; II, 39; III, 41; IV, 2. *Gaius Cilnius Maecenas* (70 a.C.- 8 a.C). Conselheiro do Augusto e patrono do círculo literário a que pertenciam, entre outros, os poetas Virgílio, Horácio e Propércio.

MÉDIA. II, 126, 134, 136. Planalto montanhoso, próximo ao mar Cáspio.

MELA. IV, 278. Rio afluente do rio Pó, na Itália.

MELAMPO. III, 550. Célebre médico de Argo.

MELICERTES. I, 437. Filho de Ino. Quando Dioniso nasceu, Zeus o entregou ao deus Hermes, que o confiou a Atamante, marido de Ino. Hera, por ciúmes, provocou em Ino a loucura, que a fez se lançar com o filho no mar. Dioniso os transformou em deuses. Ino tornou-se Leocótea, ou Mater Matuta; e Melicertes, Palêmon, ou Portunus.

MÊNALO. I, 17. Montanha localizada na Arcádia.

MEÔNIO. IV, 380. Da Meônia, outro nome da Lídia.

MEÓTIDA. III, 350. Lagoa cítia, ligada ao Ponto Euxino.

METIMNA. II, 90. Cidade da ilha de Lesbos.

MICENAS. III, 121. Cidade da Argólida, célebre pela criação de cavalos.

MILÉSIO. III, 307. De Mileto. Cidade grega da Jônia.

MILETO. IV, 335. Cidade grega da Jônia, produtora de púrpura.

MÍNCIO. III, 15. Rio italiano da região de Mântua, afluente do rio Pó.

MINERVA. I, 18; IV, 246. Deusa romana das artes, da sabedoria e das estratégias de guerra. É a equivalente à deusa grega Atena.

MÍSIA. I, 102; IV, 370. Região localizada na costa da Anatólia, banhada pelo mar Egeu e pelo mar de Mármara.

MOLORCO. III, 19. Pastor habitante de Nemeia, na Grécia. Hospedou Hércules, quando este foi caçar o famoso leão de Nemeia.

N

NAPEIAS. IV, 535. Ou dríades. Ninfas das matas.

NARÍCIO. II, 438. Cidade da Beócia, produtora de pinheiros.

NEREU. IV, 391. Deus do mar. Filho do Oceano e da Terra, pai das neireidas.

NETUNO. I, 12; III, 122; IV 387, 394. Deus romano do mar. Equivalente ao deus grego Poseidon.
NESSEIA. IV, 338. Nome de uma ninfa.
NIFATE. III, 30. Montanha da Armênia.
NILO. III, 28; IV, 288. Grande rio do Egito.
NISO. I, 404, 408. Rei de Mégara, pai de Cila. Morto pela filha, foi transformado em águia.
NOTO. I, 443. Vento Sul. Austro, em contexto latino.
NÓRICA. III, 475. Região entre a Récia, a Panônia, os Alpes e o rio Danúbio.

O

OCEANO. I, 246; II, 123, 482; III, 359; IV, 233, 341, 381, 382. Na mitologia grega, era o rio que se acredita circular a Terra.
OLIMPO. I, 96, 450; III, 223; IV, 562. Na mitologia grega, era a morada dos deuses. Por extensão, o céu.
OLIMPO. I, 282. Montanha da Tessália. A montanha mais alta da Grécia.
ÓPIS. IV, 343. Nome de uma ninfa.
ORCO. I, 278; IV, 502. Deus romano da morte e um dos nomes dos Infernos.
ORFEU. IV, 454, 465, 485, 494, 545, 553. Um dos argonautas. Filho de Calíope, famoso tocador de lira, despedaçado pelas bacantes.
ORÍTIA. IV, 463. Filha de Erecteu, rei de Atenas. Foi raptada pelo vento Bóreas em suas bodas, na Trácia, e deu à luz Zeto e Calais, dois dos argonautas.
OSSA. I, 281, 282. Montanha grega da Tessália, localizada entre os montes Pélion e Olimpo.

P

PÃ. I, 16; II, 494; III, 392. Deus grego dos bosques, campos, rebanhos e pastores. É também a divindade da vida selvagem. Os equivalentes romanos são Fauno e Silvano.

PAFOS. II, 64. Cidade de Chipre, célebre pelo culto a Afrodite/Vênus.

PALAS. II, 181. Outro nome grego da deusa Atena, ou Minerva, em contexto latino, que deu aos humanos o azeite.

PALATINO. I, 499. Uma das sete colinas de Roma.

PALENE. IV, 391. Península ao sul da Macedônia.

PALES. III, 1, 294. Antiga deusa romana dos pastores e rebanhos. Suas festas, as *palilia*, eram celebradas em 21 de abril, data da fundação de Roma, o que reforça o caráter patriótico do poema.

PANCAIA. II, 138; IV, 379. Parte da Arábia Feliz.

PANGEU. IV, 462. Monte situado entre a Trácia e a Macedônia.

PANOPEIA. I, 437. Ninfa marinha.

PARNASO. II, 18; III, 291. Monte situado no centro da Grécia, sobre a cidade de Delfos. Era uma das moradias do deus Apolo e das nove musas.

PAROS. III, 34. Uma das ilhas Cíclades, no mar Mediterrâneo, famosa pela produção de mármore.

PARTÊNOPE. IV, 563. Antigo nome de Nápoles.

PARTAS. III, 31; IV, 210, 314. Povo da Pártia, região da Ásia Central.

PEIXES. IV, 235. Constelação.

PELAIA. IV, 287. Da cidade de Pela, na Macedônia, terra natal de Filipe e Alexandre Magno. Epíteto que se refere às origens macedônicas do Império Ptolomaico do Egito.

PÉLION. I, 281; III, 94. Montanha grega da Tessália.

PÉLOPS. III, 7. Filho de Tântalo, rei da Frígia. Seu pai o matou e o serviu como refeição para os deuses, que lhe restituíram a vida. No entanto, como o ombro havia sido comido por Deméter, os deuses lhe concederam outro, de marfim. Tema tratado por Píndaro.

PELÚSIO. I, 228. Cidade do Egito.

PENEU. IV, 318, 356. Rio da Tessália.

PESTO. IV, 119. Cidade da Magna Grécia, na Campânia, ao sul da Itália.

PISA. III, 180. Cidade da Élida, na Grécia.

PLÊIADES. I, 138; 221; IV, 232. Filhas de Atlante. A constelação do mesmo nome desaparece no horizonte no início de novembro.

PÓ. II, 452. Rio da Itália, que deságua no mar Adriático.

PÓLUX. III, 90. Um dos Dióscuros. Filho do rei Tíndaro, de Amiclas.

PONTO. I, 59, 207. Região da Ásia Menor ao sul do mar Negro, no noroeste da atual Turquia.

PÓTNIAS. III, 268. Cidade da Beócia, próxima de Tebas.

PRIAPO. IV, 111. Filho de Vênus e Baco, era a divindade dos jardins e protetor das hortas. Um de seus locais de culto era Lampsaco, no lado oriental do Helesponto.

PROCNE. IV, 15. Filha de Pandíon, rei lendário de Atenas.

PROSÉRPINA. I, 39; IV, 487. Na mitologia romana, é a deusa filha de Júpiter e Ceres. Raptada por Plutão, tornou-se sua esposa.

PROTEU. IV, 388, 422, 429, 440, 447, 528. Filho de Oceano, pastor dos gados de Netuno. Famoso pelos oráculos e pelas suas metamorfoses.

Q

QUIRINO. III, 27. Deus que representava o próprio Estado romano. Era considerado como sendo Rômulo após a deificação.

QUIRITES. IV, 201. Nome dos sabinos que se incorporaram na comunidade romana; por extensão, todos os cidadãos romanos.

QUÍRON. III, 550. Centauro filho de Saturno e Fílira, célebre pelos conhecimentos da medicina e do poder das plantas, educador de heróis como Aquiles, Hércules e Teseu.

R

REMO. II, 533. Filho de Marte e Reia Sílvia, irmão de Rômulo. Um dos fundadores míticos de Roma.

RESO. IV, 463. Rei da Trácia, morto por Ulisses e Diomedes.

RÉTICA. II, 95. Da Récia, antiga região do Império Romano, ao norte da Itália.

RIFEUS. I, 240; III, 382; IV, 518. Montanhas da Cítia.

RODES. II, 101. Ilha grega localizada no mar Egeu.

RÓDOPE. I, 332; III, 351, 462; IV, 461. Cordilheira da Trácia a sudoeste da Europa, e que se estende até a Grécia.

RÔMULO. I, 498; II, 533. Filho de Marte e Reia Sílvia. Um dos fundadores míticos de Roma.

S

SABÁ. II, 117. Cidade da Arábia Feliz.

SABELOS. II, 167; III, 255. Povo antigo da Itália Central, constituído por sabinos, picentinos, lucanos e samnitas.

SABEU. I, 57. Habitante da Saba, na Arábia Feliz, onde foi fundado o reino de Sabá.

SABINOS. II, 532. Antigo povo da região central da península Itálica.

SATURNO. I, 336; II, 406, 538; III, 92. Deus romano da geração, riqueza e agricultura. Vencido e expulso do Olimpo por Júpiter, refugiou-se em Lácio, na Itália.

SERES. II, 121. Povo da Índia oriental, atual China, especializado na produção de seda.

SÍLARO. III, 146. Rio da Lucânia, na Itália.

SILVANO. I, 20; II, 494. Deus romano protetor das matas e das terras não cultivadas.

SILA. III, 219. Montanha da região de Brútio, na Itália.

SÍRIA. II, 88. Província romana localizada na Palestina.

SÍRIUS. IV, 425. Estrela da constelação de Cão.

T

TABURNO. II, 38. Cadeia de montanhas da Campânia, na Itália.

TAÍGETO. II, 487, III, 43. Nome comum para a cordilheira e o pico mais alto do Peloponeso, na Grécia.

TÁLIA. IV, 338. Nome de uma ninfa.

TANAGRO. III, 151. Rio da Lucânia, afluente do rio Sílaro.

TÂNAIS. IV, 518. Rio que separa a Europa da Ásia.

TARENTO. II, 197. Cidade da Apúlia, na Itália.

TÁRTARO. I, 36; II, 292; IV, 481. Na mitologia romana, era o mundo subterrâneo, o local para onde eram enviados os pecadores após a morte.

TASSOS. II, 91. Ilha grega no mar Egeu.

TEGEU. I, 16. De Tégea, antiga cidade grega localizada na Arcádia, no Peloponeso.

TEMPE. IV, 318. Vale na Tessália, entre os montes Olimpo e Ossa.

TÊNARO. IV, 467. Promontório da Lacedemônia.

TERRA. I, 278. Deusa primordial da mitologia greco-romana. Em contexto grego, Gaia.

TESEIDAS. II, 382. Nome dos atenienses, descendentes de Teseu, o mítico fundador da cidade.

TÉTIS. I, 31. Titânide, filha de Urano e Gaia. Esposa de Oceano e mãe das ninfas.

TÉTIS. I, 399. Ninfa filha de Nereu e Dóris. Mãe de Aquiles.

TIBERINO. IV, 369. Variante antiga do nome do rio Tibre, na Itália.

TIBRE. I, 499, IV, 369. Rio italiano, com as nascentes na Emília-Romanha, região dos etruscos.

TIFEU. I, 279. Gigante, filho da Terra e do Tártaro.

TIMAVO. III, 476. Rio da Ístria, que deságua no mar Adriático.

TIMBREU. IV, 322. De Timbra, cidade da Troada, célebre pelo templo ao deus Apolo.

TITONO. I, 447, III, 48. Filho de Laomedonte, marido de Aurora.

TIRO. III, 307. Cidade da Fenícia, produtora do pigmento púrpura.

TIRRENO. II, 164. Mar que banha a costa ocidental da Itália.

TIRRENO. II, 193. Denominação dos etruscos.

TISÍFONE. III, 551. Uma das Fúrias.

TMOLO. I, 56; II, 98. Montanha na Lídia, continuação do monte Tauro.

TOURO. I, 217. Constelação de mesmo nome. Surge em abril, abrindo o ano romano.

TRIPTÓLEMO. I, 19. Herói grego associado à deusa Deméter, que lhe teria dado o trigo, com que ele semeou toda a terra.

TROS. III, 36. Rei epônimo de Troia.

TULE. I, 30. Ilha indeterminada, mas situada na extremidade norte da Europa.

V

VÊNUS. II, 329; III, 64, 97, 137, 210, 267; IV, 199, 516. Deusa romana do amor. Afrodite em contexto grego.

VÉSPER. I, 251, 461; III, 336; IV, 185, 434. Planeta Vênus, quando aparece à tarde.

VESTA. I, 498; IV, 384. Deusa romana do larário, representada pela chama de fogo.

VESÚVIO. II, 224. Vulcão localizado na região da Campânia, na Itália.

VOLSCOS. II, 168. Povo da região sul do Lácio, na Itália.

VULCANO. I, 295; IV, 346. Deus romano das forjas, do fogo e dos vulcões. Equivalente ao deus grego Hefesto.

X

XANTO. IV, 336. Nome de uma ninfa.

Z

ZÉFIRO. I, 44, 371; II, 106, 331; III, 134, 273, 322; IV, 138, 305. Vento Oeste. Em contexto latino, o Favônio.

Referências

1. Texto latino e traduções consultadas:

Hart, Levi; Osborn, V. R. *The Works of P. Virgilius Maro – interlinear translation*. New York: David McKay Company, 1952.

Lima Leitão, A. J. *Monumento à elevação da colonia do Brazil a Reino e ao estabelecimento do tríplice imperio luso. As obras de Públio Virgílio Maro*. Tomo I. Rio de Janeiro: Typographia Real, 1818.

Lucrèce, Virgile, Valérivs Flaccus. *Oeuvres Complétes*. Ed. M. Nisard. Paris: J. J. Dubochet, Le Chevalier et Comp., Editeurs, 1847.

Mayer, Ruy. *As Geórgicas de Vergílio: versão em prosa dos três primeiros livros e comentários de um agrônomo*. Alcobaça: Livraria Sá da Costa, 1948.

P. Vergilivs Maro. *GEORGICA*. Ed. Gian Biagio Conte. Berlin: De Gruyter, 2013.

P. Vergili Maronis. *Opera, with a commentary by John Conington*. Ed. LONG, George; MACLANE, A. J. London: Whittaker and Co., 1858.

P. Vergili Maronis. *Georgicon – Liber IV*. London: Macmillan and Co. Limited, 1909.

P. Virgilii Maronis. *Georgica – The Georgics of Virgil*. Ed. Jonh Walker. Dublin: Richard Milliken and Son, 1834.

Page, T. E. *Georgicon – Liber IV*. London: Macmillan and Co. Limited.

Pereira, João Félix. *As Georgicas de Virgilio*. Trad. do original em verso endecassyllabo. Lisboa: Typographia Universal, 1875.

Publivs Vergilivs Maro. *Georgiche*. Trad. Cono A. Mangieri. Italia: Biblioteca dei Classici Italiani, 2003.

Santiago, Luís. *As Roçarianas: releitura das* Geórgicas, *de Virgílio*. Belo Horizonte: Edição do autor, 2009.

Silva, Rafael G. T. "Máos à obra e aprendei o que é próprio a cada cultura": uma nova tradução poética das *Geórgicas* II de Virgílio. *Revista Belas Infiéis*, Brasília, v. 12, n. 1, p. 1-41, 2023.

Vergílio. *Geórgicas*. Trad. Gabriel A. F. Silva. Lisboa: Cotovia, 2019.

Virgil. *Eclogues; Georgics; Aeneid: books 1-6*. Trad. H. R. Faircloug. Cambridge: Harvard University, 1916.

Virgil. *Georgics*. Ed. R. A. B. Mynors. Oxford: Carendon, 1990.

Virgil. *Georgics*. Trad. Peter Fallon. Oxford: University of Oxford, 2006.

Virgil. *The Eclogues and Georgics*. Ed. Charles Anthon. New York, Harper& Brothers, 1846.

Virgil. *The Georgics and Eclogues of Virgil*. Trad. Theodore Chickering Williams. Cambridge: Harvard University, 1915.

Virgil. *The Georgics of Virgil*. Trad. David Ferry. New York: Farrar, Straus and Giroux, 2005.

Virgil. *The Georgics of Virgil – A critical survey*. Ed. L. P. Wilkinson. Cambridge: Cambridge University, 1969.

Virgil. *The Works of Virgil: containing his Pastorals, Georgics and Aeneis*. Trad. Mr. Dryden. London: Jacob Tonson, 1697.

Virgil. *Georgics*. Ed. Richard Thomas. Cambridge: Cambridge University, 1988.

Virgil. *Virgil's Georgics*. Trad. Janet Lembke. New Haven and London: Yale University, 2005.

Virgile. *Les Bucoliques et Les Géorgiques*. Trad. Maurice Rat. Paris: Flammarion, 1967.

Virgile. *Géorgiques*. Trad. E. De Saint-Denis. Paris: Les Belles Lettres, 1998.

Virgilio. *Bucólicas y Geórgicas*. Trad. Julio Picasso Muñoz. Lima, Fondo Editorial UCSS, 2004.

Virgilio. *Bucólicas y Geórgicas*. Trad. Tomás de la Ascensión Recio García. Madrid: Editorial Gredos, 1990.

Virgilio. *Geórgicas; Eneida*. Trad. Antônio Feliciano Castilho e Manuel Odorico Mendes. Rio de Janeiro: W. M. Jackson, 1949.

Virgílio. *Geórgicas I*. Trad. António Feliciano Castilho; Matheus Trevizan. Belo Horizonte: UFMG, 2013.

Virgílio. *Geórgicas III*. Trad. António Feliciano Castilho; Matheus Trevizan. Belo Horizonte: UFMG, 2019.

Virgílio. *O IV canto das Geórgicas*. Trad. Elaine Prado dos Santos. São Paulo: Scortecci, 2007.

Virgílio. *Tradução livre ou imitação das* Geórgicas. Trad. António José Osório de Pina Leitão. Lisboa: Tipografia Nunesiana, 1794.

Virgílio. *Virgilio Brazileiro*. Trad. Manuel Odorico Mendes, da cidade de S. Luiz do Maranhão. Paris: W. Remquet e C., 1858.

2. Obras de apoio:

Armstrong, David; Fish, Jeffrey; Johnston, Patricia A.; Skinner, Marilyn (Ed.). *Vergil, Philodemus and the Augustans*. Austin: University of Texas Press, 2004.

Bassnett, Susan. *Estudos de tradução*. Lisboa: Calouste Gulbenkian, 2003.

Citroni, Mario; Consolino, Franca Ela; Labate, Mario; Narducci, Emanuele. *Literatura de Roma Antiga*. Lisboa: Calouste Gulbenkian, 2006.

Conte, Gian B. *The Poetry of Pathos*. Oxford: University of Oxford, 2007.

Duckworth, George. "Vergil's *Georgics* and the *Laudes Galli*". *The American Journal of Philology*. v. 80, n. 3, 1959. p. 225-237.

Elliot, T. S. *What is a Classic?* London: Faber and Faber, 1945.

Farrell, Joseph; Putnam, Michael C. J. (Ed.). *A companion to Vergil's Aeneid and its tradition*. Chichester, UK: Blackwell Publishing, 2010.

Furlan, Mauri. "Tradução romana: suplantação do modelo". *Nuntius Antiquus: revista de estudos antigos e medievais*. v. 6, 2010. p. 79-88.

Gale, Monica. "Didatic Epic". In: *A Companion to Latin Literature*. Ed. Sephen Harrison. Oxford: Blackwell, 2005. p. 101-115.

Gale, Monica R. *Virgil on the Nature of Things*. Cambridge: University of Cambridge, 2004.

Grimal, Pierre. *Virgile, ou la seconde naissance de Rome*. Paris: Flammarion, 1985.

Grimal, Pierre. *Virgilio o el segundo nacimento de Roma*. Trad. Hugo Francisco Bauzá. Madrid: Gredos, 2011.

Hall, John F. "P. VERGILIUS MARO: VATES ETRUSCUS". *Vergilius*, n. 28, 1982.

Horsfall, Nicholas. "Georgics". In: *A Companion to the study of Virgil*. Ed. Nicholas Horsfall. Leiden: Brill, 1995. p. 69-100.

Katz, Joshua. "Vergil translates Aratus: *Phaenomena* 1-2 and *Georgics* 1.1-2". *MD - Materiali e discussioni per l'analisi dei testi classici*. n. 60, p. 105-123, 2008.

Lee, Owen. *Virgil as Orpheus: a study of the* Georgics. Albany: University of New York, 1996.

Maia, José A. F. "As *Geórgicas* e a economia do evergetismo como fator de êxito da cultura clássica". *Revista Investigações*, Recife, v. 37, n. 1. p. 1-19, 2024.

Mariotti, Scevola. *Livio Andronico e la traduzione artistica*. Urbino, Università degli Studi di Urbino, 1986.

Martindale, Charles (Ed.). *The Cambridge Companion to Virgil*. Cambridge: Cambridge University Press, 1997.

Mendes, J. P. *Construção e arte das* Bucólicas *de Virgílio*. Brasília: UNB, 1985.

Miles, Garry. *Virgil's* Georgics*: a new interpretation*. Los Angeles: University of California, 1980.

Montaigne, M. *Ensaios*. v 1. São Paulo: Nova Cultural, 2000.

Nappa, Christopher. *Reading after Actium: Virgil's* Georgics*, Otavian and Rome*. Michigan: University of Michigan, 2005.

Nelson, Stephanie. *God and the Land: the Metaphysics of Farming in Hesiod and Vergil*. New York and Oxford: Oxford University, 1998.

Nelson, Stephanie. "Hesiod, Virgil, and the Georgic tradition". In. *The Oxford Handbook of Hesiod*. Ed. Alexander Loney; Sephen Scully. Oxford: Oxford University, 2018. p. 363-376.

Novak, Maria G. "Estoicismo e Epicurismo em Roma". Letras Clássicas, n. 3, 1999. p. 257-273.

Otis, Brooks. *Virgil: a study in civilized poetry*. Oklahoma: University of Oklahoma, 1995.

Parker, Charles. "Virgil and the coutrry pastor". *The Classical Weekly*, v. 8, n. 10, 1914, p. 74-77.

Perutelli, Alessandro. "O texto como professor". In. *O Espaço Literário ada Roma Antiga*. v. 1. Ed. Guglielmo Cavallo; Paolo Fideli; Andrea Giardina. Belo Horizonte, 2010. p. 293-360.

Riffaterre, Michael. "Système d'un genre descriptif". *Poétique, revue de théorie et d'analyse littéraire*. n. 9, 1972. p. 15-30.

Rocha Pereira, M. H. *Estudos de História da Cultura Clássica: II volume – Cultura Romana*. Lisboa: Fundação Calouste Gulbenkian, 2002.

Smith, William. *Dictionary of Greek and Roman Antiquities*. Boston: Charles Little and James Brown, 1849.

Thibodeau, Philip. *Playng the Farmer: representations of rural live in Vergil's* Georgics. Los Angeles: University of California, 2001.

Thomas, Richard. "Aesthetics, Form and Meaning in the *Georgics*". In: *Reflections and New Perspectives on Virgil's* Georgics. Ed. Bobby Xinyue; Nicholas Freer. London: Bloomsbury Academic, 2019, p. 45-64.

Vidal, J. L. "Introduccion General". In. Marón, P. Virgilio. *Bucólicas, Geórgicas, Apéndice Virgiliano*. Madrid: Editorial Gredos, 1990.

Wilkinson, L. P. *The* Georgics *of Virgil*. Cambridge: Cambridge University, 1969.

Notas

Todas as imagens que acompanham esta seção foram reproduzidas da obra *A Dictionary of Roman and Greek Antiquities*. Ed. Anthony Rich. London: Longmans, Green and Co., 1890.

Livro I

v. 1 – "alegre": A necessidade do uso do subjuntivo na tradução desse trecho impõe-se sobretudo pelo comentário de Mauro Sérvio Honorato, gramático do final do séc. IV: *sane "quid faciat" non interrogat, sed pollicetur* – "precisamente, 'o que faça' não pergunta, mas promete".

v. 2 – "atar": Em Sérvio: *hoc autem ruistici maritare dicunt*: "mas os agricultores dizem "casar".

v. 5 – "eu cantarei": Virgílio apresenta aqui a divisão dos quatro livros das *Geórgicas*: as lavouras, as vinhas, o gado e as abelhas.

v. 5 – "claras luzes": Isto é, o Sol e Lua.

v. 8 – "bolotas caônias": A bolota caônia é o fruto do carvalho, árvore de Júpiter, que mitologicamente serviria de alimento aos homens coletores antes da invenção da agricultura, por intermédio da deusa Ceres.

v. 9 – "taças do Aqueloo": Referência ao hábito grego e romano de tomar vinho diluído em água, aqui sinalizada com o rio Aqueloo.

v. 12 – "Netuno": Na mitologia, quando Netuno e Minerva disputaram quem daria o nome à principal cidade da Ática, decidiram que mereceria essa homenagem aquele deus que oferecesse aos mortais a melhor dádiva. Netuno golpeou a terra com seu tridente, e foi gerado o relinchante cavalo, apto para a guerra. Por sua vez, Minerva lançou ao solo um ramo, do qual brotou a oliveira, símbolo da paz. Por isso, os cidadãos da cidade a chamaram "Atenas".

v. 14 – "tu": Referência a Aristeu, que terá papel importante no Livro IV.

v. 19 – "menino": Referência a Triptólemo.

v. 27 – "estações": Acompanho Sérvio: *tempestatum ait temporum* – "'tempestades' quer dizer 'tempos'".

v. 28 – "mirtos": Planta dedicada a Vênus, mãe de Eneias, herói da *Eneida* e antepassado mítico de Júlio César e de Otaviano Augusto.

v. 33 – "espaço": Referência ao signo zodiacal de Augusto, nascido em

23 de setembro. Sérvio diz que o horóscopo egípcio era composto de doze signos; e o horóscopo caldeu, de onze. Escorpião e Libra eram reunidas em uma só constelação zodiacal, sendo as estrelas de Libra consideradas, então, as garras do artrópode. Desse modo, o espaço a que o poema se refere é exatamente aquele da constelação de Libra, onde, se Augusto quisesse, poderia se instalar após sua divinização, desde que o Escorpião recolhesse suas pinças.

v. 33 – "Garras": Trata-se dos braços da constelação de Escorpião.

v. 42 – "te acostuma": Otaviano Augusto foi divinizado ainda em vida.

v. 47 – "ansioso": No original *auarus*. Mynors interpreta essa passagem como único trecho em que Virgílio atribui ao agricultor o *amor habendi* referido por Horácio (*Ep.* 1.7.85).

v. 56 – "vês": O uso da segunda pessoa do singular no poema gera discussões desde a Antiguidade, sendo incerto se o autor se dirige a Mecenas, a Augusto ou ao camponês.

v. 65 – "poento": Isto é, cheio de poeira pela dissolução dos torrões secos de terra.

v. 73 – "Mudada a estrela": Mynors discorda da possibilidade de se tratar da alternância das constelações; tampouco concorda com a solução de considerar *sidus* como "ano". Propõe se referir às estações do ano. Preferi manter a literalidade do verso original.

v. 96 – "o espreita": Isto é, Ceres recompensa-o com farta colheita.

v. 102 – "farro": Tipo de trigo rústico.

v. 121 – "Pai": Em regra, as referências isoladas ao Pai dizem respeito a Júpiter.

v. 128 – "tudo dava": O tempo anterior a Júpiter refere-se à Idade de Ouro, sob o reino de Saturno, quando os homens viviam da natureza e não conheciam o trabalho.

v. 131 – "ocultou o fogo": Quando Prometeu enganou Zeus (Júpiter) na escolha do sacrifício dos ossos e gordura em vez da carne, o deus escondeu o fogo em retaliação. Em resposta, Prometeu roubou o fogo e o deu aos mortais.

v. 136 – "ulmeiro": Madeira de construção dos barcos.

v. 138 – "Plêiades, Híades e a Ursa": Três constelações. As Plêiades marcavam o início das navegações; as Híades, o final. A Ursa é a Maior, ou Calisto, filha de Licaón, que foi convertida por Júpiter em estrela.

v. 163 – "**carro**": *plaustrum*: carreta de transporte

 v. 164 – "**trilhos**": *tribulum*. Trilho, espécie de estrado ou cilindro de madeira com dentes de ferro, com que se debulham os cereais.

 v. 164 – "**jorrões**": *trahea*. Instrumento usdo para aplanar a terra.

 v. 164 – "**restelo**": *raster*. Instrumento de dentes empregado na lavoura para a limpeza do terreno.

 v. 166 – "**joeira mística**" trata-se da peneira comum, utilizada nos mistérios de Baco e sobre as quais se faziam as oferendas ao deus.

 v. 172 – "**dental**" é uma peça do arado.

 v. 174 – "**jugo**" é uma peça que une as juntas de cavalos.

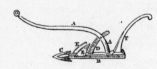 v. 170-175 – "**arado**": Peças do arado romano:
    A: buris/timão;
    B: detal;
    C: relha;
    D: fulcro;
    E: aivecas;
    F: rabiça.

v. 178 – "cilindo": *cylindrus*. Grande rolo usado para aplainar a terra.

v. 203 – "arrasta": Tema recorrente no poema, segundo o qual a natureza possui a característica de sempre voltar ao seu estado mais selvagem e bravio. O trabalho humano impede que essa constante propensão à ruína se estabeleça.

v. 204-205 – "Arcturo", "Cabritos" e "Dragão". *Arcturus* (Arcturo) é a estrela mais brilhante da constelação do Boieiro; surge no horizonte do hemisfério norte em setembro, indicando a aproximação do outono. *Hoedi* (Cabritos) são duas estrelas da constelação do Auriga, que se eleva no final de setembro, indicando a chegada das chuvas. *Anguis* (Dragão) é a constelação de Dragão, por estar situada entre as constelações de Ursa Maior e Ursa Menor, indica o Polo Norte.

v. 218 – "Cão": São duas as constelações de Cão, o Maior e o Menor. Sírius é a estrela mais brilhante do firmamento, e seu ocaso é no final de abril. A imagem construída por Virgílio é a de que o Cão se retira com a chegada do Touro.

v. 222 – "estrela de Cnossos": Refere-se a Ariadna, filha do rei Minos, que foi transformada por Zeus na estrela mais brilhante da constelação da Coroa, que nasce em novembro.

v. 219-224 – "Plêiades" e "Coroa": Pelas indicações astronômicas, Virgílio sugere que se plante o trigo e a escândea no fim do outono.

v. 264 – "forcado": *furca*. Instrumento agrícola usado para revolver a palha ou o feno.

v. 280 – "irmãos": Trata-se dos gigantes gêmeos Oto e Efialtes, filhos de Aloeu.

v. 337 – "fogo cilênio": Planeta Mercúrio, pelo epíteto do deus de mesmo nome, por seu nascimento no monte Cileno.

v. 339 – "anuais sacrifícios": Trata-se da festa de purificação dos campos dedicada a Ceres, ou as *ambarválias*, realizadas em 29 de maio.

v. 396 – "Lua": Ou seja, como se a Lua brilhasse por si própria, e não por refletir os raios do Sol, seu irmão.

v. 397 – "carneiros de lã": Ou seja, as nuvens.

v. 398 – "maçarico": Alcíone, em razão do sofrimento do luto pela morte do esposo, o rei Ceice, foi transformada na ave que, em latim, tem o mesmo nome, mas que se traduz por "maçarico", ou "martim", "martim-pescador", "guarda-rios" etc. No mito, os maçaricos se acasalam e as fêmeas fazem seus ninhos na superfície do mar, que se acalma durante sete dias para que os ovos sejam chocados. No poema, Tétis representa o benevolente Oceano, de quem é esposa.

v. 408 – "Niso": A narrativa de Niso e Cila também foi tratada no epílio *Ciris*, da *Appendix Vergiliana*.

v. 424-433 – Vê-se, no texto latino, o acróstico composto pelas iniciais do nome de Virgílio (MA, 429; VE, 431; e PU, 433), reforçado pelas intepretações dos trechos intercalados, em negrito na tradução. O adjetivo *uirgineum/virginal* parece remeter ao apelido do poeta *Parthenias*, com o mesmo significado em grego, ao passo que a afirmação entre parêntesis reforça a autoria da obra. Completam a construção intratextual as indicações anteriores, que remetem à forma de leitura do acróstico.

Cf. Brown, E. L. Numeri Vergiliani. *Studies in "Eclogues" and "Georgics"*. Bruxelles: Latomus, 1963. p. 102-104.

Feeney, Denis; Nelis, Damien. Two Virgilian Acrostics: Certissima Signa? *The Classical Quarterly*, Cambridge, v. 55, n. 2, p. 644-646, 2005.

Danielewicz, Jerzy. Vergil's *certissima signa* reinterpreted: the Aratean *Lepte* – acrostic in *Georgics* 1. *Eos*, Warszawa, v. 100, p. 287-295, 2013.

v. 490 – "Filipos": A batalha de Filipos, na Macedônia, foi travada em 42 a.C., quando as forças do Segundo Triunvirato, chefiadas por Otaviano, Marco Antônio e Lépido derrotaram as tropas de Crasso e Bruto, que haviam conspirado para o assassinato de Júlio César, em 44 a.C.

v. 492 – "Emátia" e "Hemo": Referência às batalhas de Farsália e Filipos.

v. 500 – "jovem": Otaviano Augusto, contando à época em que foi composto o poema com pouco mais de vinte e cinco anos.

v. 502 – "remimos": O uso da primeira pessoa do plural remete à mitológica descendência romana dos troianos.

v. 511 – "ímpio Marte": Referência às lutas entre Otaviano e Marco Antônio, que culminaram na batalha de Ácio.

v. 513 – "voltas": A imagem descrita por Virgílio é a da corrida de quadrigas no circo. *Spatia*, no original, refere-se às voltas no hipódromo.

Livro II

v. 7-8 – Descrição da produção do vinho, com as uvas pisadas no lagar. Os coturnos eram atributos cênicos das tragédias, ligadas a Baco – ou Dioniso – desde os primórdios do teatro. Assim, quando o poeta convida o deus a tirar os coturnos e pisar as uvas, anuncia a mudança do tom do poema, que deixa a forma sombria e desesperançada do Livro I para começar, de modo alegre, o novo livro.

v. 16 – "carvalho": em Dodona, os oráculos eram obtidos a partir da observação do som das folhas da copa dos robles ou do arrulhar das pombas entre as suas ramas.

v. 66 – "árvore": Trata-se do álamo.

v. 86 – "há as órcades, as rádios e as acres pausias": São descritos alguns tipos de azeitonas. As órcades eram redondas; as rádios eram alongadas; e as pausias, amargas.

v. 93-94 – "psítias" e "lágeos": São descritos alguns tipos de uvas, como a psítia e a lágeos, desconhecidas atualmente.

v. 115 – "gelonos": No original, *pictus gelonus*, em referência às tatuagens usadas por esse povo.

v. 120 – "lã": Referência ao algodão.

v. 121 – "tosão": Referência à produção chinesa da seda.

v. 126 – "fruto": Referência ao limão.

v. 140-142 "touros que sopram fogo": Alusão às aventuras argonáuticas de Jasão nas terras da Cólquida, atual Geórgia.

v. 148 – "romanos triunfos": Os touros brancos precediam a parte mais importante do cortejo dos triunfos, constituída pelo chefe dos povos vencidos e pelo carro puxado por cavalos brancos, no qual seguia o vencedor.

v. 158 – "os mares": O mar Adriático, que banha a costa leste da Itália, e o mar Tirreno, a oeste.

v. 161 – "porto": Porto Júlio – ou *Portus Iulius* – foi construído em 37 a.C. por ordem de Marco Agripa, em homenagem a Otaviano, para abrigar sua frota naval. Um canal ligava o mar Tirreno ao lago Lucrino, que, por sua vez, era conectado ao lago Averno por meio de um canal artificial.

v. 163 – "Água Júlia": A água do Porto Júlio.

v. 169-170 – "Décios", "Mários", "Camilos", "Cipiões": Nomes de heróis romanos.

v. 171 – "vencedor nas fronteiras da Ásia": Após a vitória na Batalha de Ácio, contra as tropas de Marco Antônio e Cleópatra, Augusto conquistou Alexandria e consolidou o domínio romano sobre o Egito, a Palestina e a Síria.

v. 176 – "poema ascreu": Referência ao poema didático *Trabalhos e os Dias*, de Hesíodo, nascido em Ascra, na Beócia.

v. 193 – "gordo tirreno": Para as cerimônias religiosas, era obrigatória a presença desse flautista tirreno, ou etrusco, chamado *obesus* por Catulo (39.11).

v. 198 – "infeliz Mântua": Em 40 a.C., Augusto repartiu entre os veteranos de guerra as terras do vale do rio Pó. Cf. *Bucólica* I.

v. 214 – "quélidros": Cobra anfíbia cuja pele teria semelhança com a carapaça dos quelônios. Citada novamente no verso III, 415.

v. 242 – "crivos": No original, *colum*. Peneira de vime usada para coar vinho, leite, azeite etc.

v. 278 – "quadricula": A disposição quadricular das linhas na lavoura era conhecida em latim como *quincunx*.

v. 318 – "bacelo": Vara de videira usada para formar nova planta.

v. 320 – "ave branca": A cegonha, que era considerada mensageira da primavera.

v. 326 – "a esposa": Trata-se da deusa Gaia, ou a Terra, em contexto latino.

v. 341 – "térreos homens": A ideia de os homens nascerem da Terra já está presente em Lucrécio. Cf. *RN*, V,805.

v. 355 – "enxada": *Bidens*. Instrumento agrícola usado para revirar a terra.

v. 379 – "que a mordida deixa": Pelo fato de o rebanho caprino envenenar as videiras, as cabras não eram sacrificadas em honra a Minerva.

v. 381 – "Baco": O bode era imolado a Baco como castigo por seus crimes contra as videiras.

v. 381 – "jogos antigos": Referência à tragédia, cujo nome remete a τράγος, bode, em grego.

v. 382-383 – "jogos antigos": Referência à comédia, cujo nome remete a κώμη, que em grego jônico significa "aldeia", e a κῶμος, que em grego ático significa "procissão festiva".

v. 384 – "dançavam sobre untados odres": Trata-se do ἀσκωλιασμός, dança em honra ao deus Dioniso, que consistia em saltar sobre odres untados.

v. 386 – "versos indecentes": Trata-se dos versos fesceninos. Aqui, Virgílio parece indicar a festa conhecida como Liberalia, que ocorria em 17 de março.

v. 389 – "amuletos": No original, *oscilla* significa "boquinhas". Trata-se de pequenas máscaras ou rostos pendurados em árvores.

v. 394 – "libos": Eram os pequenos bolos de farinha, leite e mel, oferecidos aos deuses.

v. 406 – "dente de Saturno": Gadanha de poda, constantemente considerada emblema do deus Saturno.

v. 412-413 – Possível alusão a um adágio latino citado por Plínio (*HN* 18.35): *satius esse minus serere et melius arare* – "é preferível semear menos e arar melhor".

v. 421 – "tenaz": No sentido de ser capaz de agarrar.

v. 440 – "matas estéreis": No sentido oposto às matas frutíferas, essas não produzem árvores com frutos comestíveis.

v. 445 – "rodões": Referência às rodas maciças das carroças.

v. 456 – "bêbados centauros": Referência à Centauromaquia. Durante as bodas de Pirítoo e Hipodâmia, os centauros – parentes do noivo – embriagaram-se e tentaram violar a noiva, provocando uma violenta luta contra os lápitas.

v. 456 – "Reco, Folo e Hileu": Nome de centauros.

v. 461-462 – "levas que o saúdam": Referência ao costume romano de os clientes visitarem seus patronos no início da manhã. Note-se o uso do verbo *uomere*, que se traduz por "vomitar", em uma acepção negativa para a prática.

v. 463 – "umbrais de tartaruga": Indicação das luxuosas incrustações.

v. 465 – "tinta assíria": A púrpura.

v. 474 – "últimas pegadas": Evocam-se aqui os dias de Saturno – ou a Era de Ouro – quando, se acreditava, a deusa Justiça vivia entre os homens.

v. 476 – "celebro tomado de amor": Virgílio se diz sacerdote das musas.

v. 477-482 – Referência à poesia cosmológica, sob o modelo latino de Lucrécio.

v. 483 – "ao redor de meu peito": Referência à teoria de Empédocles de Agrigento, que situava a alma no sangue que passa pelo coração.

v. 490 – "Feliz de quem": Provável referência ao poeta Lucrécio.

v. 495 – "fasces": Feixe de varas do qual saía um machado. Era a insígnia dos primeiros magistrados de Roma e simbolizava o poder do povo. Aqui parece significar as honras cívicas.

v. 495 – "púrpura régia": O uso da púrpura era uma das marcas emblemáticas da realeza.

v. 496 – "leva irmãos à traição": Possível referência às guerras civis que se seguiram ao período do Segundo Triunvirato, especialmente aos combates entre Marco Antônio e Otaviano. A hipótese se robustece pelo fato de os Dácios haverem se aliado a Marco Antônio.

v. 508 – "rostros": os *rostra* eram os esporões dos navios conquistados em batalhas e ficavam localizados na proa das embarcações. Uma vez capturados, eram colocados na tribuna em praça pública, sobre a qual os oradores proferiam seus discursos. *Columna Rostrata*:

v. 519 – "oliva": No original, a azeitona é referida a partir de Sicíone, cidade da Acaia, produtora de oliveiras.

v. 533 – "o irmão": Rômulo, o primeiro rei de Roma.

v. 536 – "ímpia raça": Referência à mitológica geração de bronze, a primeira a matar e comer os animais.

v. 538 – "áureo Saturno": Referência à mitológica Idade de Ouro.

Livro III

v. 2 – "pastor do Anfriso": Apolo, que serviu ao rei Admeto como pastor, junto às margens do Anfriso.

v. 7 – "hábil cavaleiro": Referência à prova imposta pelo rei Enomau.

v. 9-10: Alusão ao epitáfio que o poeta Ênio escreveu para si próprio: *uolito uiuus per ora uirum* – "voo vivo na voz dos homens".

v. 11 – "serei o primeiro": A afirmação é injustificada, uma vez que o poeta Ênio já havia escrito um poema épico com versos hexâmetros.

v. 17 – "de púrpuras vestido": O magistrado que organizava e presidia os jogos usava uma toga guarnecida de púrpura, referenciada aqui como cor de Tiro.

v. 20 – "cestos": Os cestos eram as manoplas feitas de tiras de couro cru guarnecidas de chumbo, usadas nas competições de pugilato.

v. 25 – "ergue a cortina": Particularidades das representações cênicas, que ocorriam durante os triunfos e celebrações religiosas. Na descrição, relata-se a mudança de cenários ao final das cenas e a subida da cortina, aparentemente conduzida por um guerreiro que a erguia ao término da representação.

v. 27 – "guerra dos Gangáridas": Otaviano não chegou a combater naquela região. Representa aqui, provavelmente, o contingente de indianos que teria participado da Batalha de Ácio ao lado de Marco Antônio. Cf. *En*.VIII, 685-688.

v. 28-29 – "o Nilo alvorotado pela guerra": Referência à Batalha de Ácio, em que as tropas de Otaviano venceram a armada de Cleópatra e Marco Antônio. Com o bronze dos navios conquistado foram feitas quatro colunas no Capitólio.

v. 37 – "a inveja": Sérvio interpreta essa referência como uma alusão aos rivais de Virgílio, em relação ao sucesso de seu programa poético.

v. 39 – "rocha jamais transponível": Referência a Sísifo, que, por haver enganado a morte duas vezes, foi condenado a carregar eternamente uma pedra até o alto de uma montanha – de onde ela sempre rolava de volta. As punições de Íxion e Sísifo exemplificam o castigo imposto aos que cometem impiedade.

v. 43 – "cães do Taígeto": Também chamados de cães espartanos, que tinham excelente reputação para as caçadas.

v. 48 – "Titono": Era proverbial a longeva idade de Titono, esposo de Aurora.

v. 60 – "Himeneu": O nome do deus do casamento é aqui referido como o ato sexual.

v. 87 – "dupla espinha": A descrição parece não se referir propriamente à ossatura, mas à dupla fileira de músculos que acompanham a coluna vertebral do equino.

v. 89 – "Cílaro": Apesar de o cavaleiro célebre ser Cástor, ao passo que Pólux era o pugilista, aqui Virgílio parece considerar a diferença irrelevante, como em Píndaro (*Ol.* 3, 39).

v. 90 – No original, *Pólux Amicleu*, em referência à sua origem de nascimento.

v. 90 – "por gregos lembradas": Referência aos poetas Homero e Antímaco.

v. 91 – "as parelhas dos carros de Marte": Os cavalos do carro de Marte – ou Ares –, em contexto grego, são citados, sem serem nomeados, por Homero (*Il.*XV, 119).

v. 91 – "de Aquiles": em Homero, os cavalos de Aquiles eram Xanto e Bálio. Cf. *Il.* XVI, 148.

v. 92-94 – Referência ao mito da deusa Reia, que, ao surpreender o marido Cronos – identificado com Saturno em contexto latino – em adultério com a ninfa Fílira, o viu fugir transformado em cavalo.

v. 115 – "Lápitas": No original, mencionam-se os Lápitas de Peletrônio, com a indicação do nome do rei desse povo, considerado o inventor do freio dos cavalos.

v. 117 – "armado soldado": No original, *eques* refere-se ao cavaleiro, como se os Lápitas lhe ensinassem os movimentos do cavalo; no entanto, para a clareza do verso, a expressão foi estendida.

v. 133 – "ao debulhar dos grãos": O tempo da debulha era entre julho e agosto, no meio do verão.

v. 147 – "inseto comum": Trata-se do *Tabanus bouinus*, conhecido também como "mutuca de cavalo".

v. 148 – "*oístron*": Em grego, οἶστρος, que se traduz por "flecha, ferrão".

v. 153 – "a novilha de Ínaco": Io, filha de Ínaco e uma das amantes de Júpiter. Quando a deusa Juno descobriu o adultério do marido, Júpiter transformou a jovem em uma novilha e a entregou à deusa quando esta a solicitou.

v. 204 – "carros belgas": No original, *esseda*. Carro de guerra usado pelos gauleses, belgas e bretões.

v. 236 – "insígnias": Termo militar que significa os estandartes de guerra.

v. 245 – "noutro tempo": Além do período do cio.

v. 258-263 – "O que direi do moço": Referência à fábula de Leandro e Hero. Para encontrá-la, ele atravessou a nado o Helesponto, mas morreu ao chegar à praia. Ela se jogou sobre o amado, morrendo sobre seu corpo.

v. 281 – "hipômane": Líquido que escorre da virilha das éguas e que era empregado nos filtros de feitiçaria. Do verbo grego ἱππομανέω, que se traduz por "ter a paixão dos cavalos".

v. 286 – "gado grosso": Referência aos gados bovino e equino. Aqui, Virgílio indica que começará a descrever o gado miúdo, ou seja, ovino e caprino.

v. 304 – "fim do ano": Lembre-se de que o antigo calendário romano, constituído de dez meses, começava em março.

v. 323 – "os dois rebanhos": Caprino e ovino.

v. 327 – "quarta hora": Às nove horas da manhã, na contagem atual.

v. 330 – "calhas": Modelo destas calhas, ou canais:

v. 345 – "Amiclas" e "Creta": Designações meramente ilustrativas.

v. 372 – "ou os assustam com penas": Corda com penas roxas amarradas, usadas nas caçadas para assustar os animais.

v. 392 – "o deus Pã": No original, Pã da Arcádia.

v. 393 – "e tu não o desprezaste": Sérvio, em seus comentários, atribui a Nicandro esta fábula: *Pan cum Lunae amore flagraret, ut illi formosus uideretur, níveis velleribus se circundedit atque ita eam ad rem ueneriam illexit* – "Como Pã ardesse de amor pela Lua, para parecer a ela formoso, rodeou-se de brancos tosões e, assim, a seduziu para a união venérea".

- v. 399 – "barbilhos": Proteção com que se envolve o focinho de certos animais para que não mamem ou comam.
- v. 405 – "filhotes de Esparta": Espécie de galgo.
- v. 408 – "iberos": Refere-se, aqui, aos salteadores da Espanha e da Lusitânia.
- v. 415 – "gálbano": Resina proveniente da planta assa-fétida.
- v. 449 – "letargírio": No original, *spuma argenti*. Trata-se do óxido de chumbo, usado pelos romanos no tratamento de feridas.
- v. 450 – "albarrãs": Planta herbácea bulbosa, da família das liláceas.
- v. 456 – "bons presságios": Vê-se aqui uma crítica à superstição.

- **v. 487 – "ínfulas de lã":** Faixas de lã com que os sacerdotes enfeitavam as vítimas que seriam sacrificadas.
- v. 532 – "auroques": Búfalos selvagens.
- v. 535-536 – "puxasse a carroça": Com a morte dos animais, os homens precisam assumir as funções das bestas de carga.

Livro IV

- v. 1 – "aéreo mel": Os antigos acreditavam que o mel escorria naturalmente do ar e era colhido do orvalho. Assim afirma Sérvio: *Nam mel ex rore colligitur, qui utique defluit ex aere* (Pois o mel é colhido do orvalho, e cai por toda parte do céu). Essa explicação já era encontrada em Aristóteles (*H.A.* 5, 553b29), que dizia que o mel caía do ar.
- v. 15 – "Procne": Procne casou-se com Tereu, rei da Trácia. Este seduziu e violentou a cunhada, Filomela, irmã de Procne. Esta, para vingar o ultraje contra a irmã, matou o próprio filho, Ítis, e serviu ao marido sua carne. Quando Tereu tentou matá-la, foi transformado pelos deuses em poupa; ao passo que, na tradição latina, Filomela foi metamorfoseada em rouxinol; e Procne, em uma andorinha.
- v. 42 – "se é verdadeira a fama": Virgílio aqui parece se referir a Aristóteles (554b10), que afirma ter ouvido que há abelhas que vivem sob a terra perto do rio Termodonte.
- v. 64 – "Mãe": a Grande Mãe. A deusa Cibele, cujos sacerdotes tocavam os címbalos, pequenos discos de metal usados como instrumento de percussão.

v. 100 – "a seu tempo": Isto é, na primavera e no outono.

v. 108 – "insígnias": Note-se a linguagem militar.

v. 126 – "Galeso": Rio próximo a Tarento, Itália, na região da Apúlia.

v. 148 – "deixo aos que virão": O tema seria tratado mais tarde por Columela, no Livro X de sua obra sobre o campo.

v. 152 – "o rei": Isto é, o próprio Júpiter. Como Saturno, por receio de ser destronado, devorava os filhos ao nascerem, sua mãe o escondeu na caverna de Dicte, em Creta, onde os sacerdotes curetes tocavam os címbalos para que Saturno não ouvisse seus choros. Júpiter foi, então, alimentado pelo leite da cabra Almateia e pelo mel produzido pelas abelhas.

v. 175 – "Dicte": isto é, o próprio Júpiter. Como Saturno, por receio de ser destronado, devorava os filhos ao nascerem, sua mãe o escondeu na caverna de Dicte, em Creta, onde os sacerdotes curetes tocavam os címbalos para que Saturno não ouvisse seus choros. Júpiter foi então alimentado pelo leite da cabra Amalteia e pelo mel produzido pelas abelhas.

v. 223-227 – Note-se nessa passagem a existência de referências às doutrinas pitagórica, platônica e estoica.

v. 232-235 – Descrição do nascimento e do ocaso das Plêiades, que ocorrem, respectivamente, nos meses de abril e novembro.

v. 242 – "oca cera": Isto é, a cera dos alvéolos vazios.

v. 246 – "odiada por Minerva": Referência ao mito de Aracne, que desafiou Minerva a tecer melhor do que ela. Pela arrogância, Minerva a transformou em uma aranha.

v. 269 – Cf. nota em *Ge.* 2, 93-94, acima.

v. 294 – "nessa técnica": Descrição do ritual conhecido como bugonia, de origem egípcia.

v. 326 – "honra": Sérvio comenta que a honra da vida é bem arar, bem apascentar e bem criar as abelhas. E remete ao verso *Ge* I, 507 que se refere às honras devidas ao arado.

v. 334-335 – "tosões de Mileto": Por comentário de Sérvio, entende-se que a expressão signifique "lã preciosa".

v. 335 – "hialino verde": Note-se que, embora normalmente as lãs preciosas fossem tingidas da cor púrpura, sob as águas, elas se mostram coloridas de um verde qualificado como "hialino", em delicada construção da imagem do poeta.

v. 338 – "[e mais Tália, Espió, Cimódoce, Nesseia": Verso considerado espúrio por Mynors.

v. 336-344 – São enumeradas doze ninfas fiandeiras e mais uma que canta para as outras que trabalham.

v. 342 – "cingidas de peles": Descrição de trajes de caça.

v. 346 – "o adultério de Marte": Sérvio comenta, referindo-se à opinião de Donato, que a cena trata da armadilha posta por Vulcano em seu leito matrimonial com Vênus. Durante o adultério, os amantes foram presos nas correntes e, surpreendidos pelo Sol, tornaram-se motivo de riso. Mynors remete ao verso VIII, 267 da *Odisseia*, em que Demódoco canta na corte do rei Alcínoo.

v. 347 – "desde o Caos contava os amores dos deuses": Provável referência ao poema *Teogonia*, de Hesíodo.

v. 375 – "mãe": No original, a mãe Cirene.

v. 375 – "choro vão": Sérvio comenta que a característica de inutilidade do choro decorre da facilidade da solução do problema.

v. 389 – "peixes-cavalos": A interpretação de que se trata de animais metade cavalo e metade peixe é dada nos comentários de Sérvio.

v. 400 – "enganos vãos": Isto é, a sequência de metamorfoses de Proteu.

v. 403 – "o velho": Sérvio comenta que quase todos os deuses marinhos são velhos, pois suas cabeças branqueiam com a espuma do mar.

v. 425 – "Sírius": Uma das estrelas da constelação de Cão Maior. É a estrela mais brilhante do visível a olho nu. Indica o período da canícula.

v. 469 – "o terrível rei": Isto é, o deus Plutão, rei do mundo inferior.

v. 502 – "o barqueiro do Orco": Caronte, barqueiro do mundo subterrâneo.

v. 511 – "Filomela": Foi metamorfoseada em rouxinol. Cf. *Ge.* IV, 15.

v. 519 – "inútil presente": Isto é, a volta de Eurídice à vida.

v. 520 – "mães dos Cícones": Isto é, as bacantes. Sérvio, em seus comentários, diz que Orfeu, após a morte de Eurídice, teve enfado por todas as mulheres, por isso, passou seu amor para os rapazes, despertando a fúria das mulheres.

v. 523-524 – "a cabeça de mármore": Sérvio explica a expressão *marmorea caput* como "bela cabeça". E ainda afirma que a passagem é aludida por Ovídio quando diz que a cabeça foi transformada em pedra para impedir que fosse mordida por uma serpente.

v. 540 – "nuca intocada": Isto é, não submetidas ao jugo.

v. 563 – "Vergílio": Preferi manter aqui a grafia latina do nome do autor.

v. 566 – Primeiro verso da *Bucólica I*.

Páginas 1, 154 e 175
Gravura de Michael Vandergucht
Domínio público, via Wikimedia Commons

Páginas 2/3, 45, 46, 48, 122, 128, 173, 175
Gravura de Michael Vandergucht
Domínio público, via Wikimedia Commons

Página 10
Gravura de Michael Vandergucht
Domínio público, via Wikimedia Commons

Página 12
Gravura de Michael Vandergucht
Domínio público, via Wikimedia Commons

Esta edição das *Geórgicas* de Virgílio,
em tradução de Márcio Meirelles Gouvêa Júnior,
foi impressa para a Autêntica Editora
nas oficinas da Gráfica Santa Marta em junho de 2025,
no ano em que se celebram:

2127 anos de Júlio César (102-44 a.C.);
2109 anos de Catulo (84-54 a.C.);
2095 anos de Virgílio (70-19 a.C.);
2090 anos de Horácio (65-8 a.C.);
2075 anos de Propércio (c. 50 a.C.-16 a.C.);
2068 anos de Ovídio (43 a.C.-18 d.C.);
2011 anos da morte de Augusto (14 d.C.);
1969 anos de Tácito (56-114 d.C.);
1960 anos do *Satyricon*, de Petrônio (c. 65 d.C.);
1626 anos das *Confissões*, de Agostinho (399 d.C.),
e
28 anos da fundação da Autêntica (1997).

O papel do miolo é Off-White 80g/m² e o da capa é Supremo 250g/m².
A tipologia é Adobe Garamond.